POURQUOI ?

FLEURUS

Direction : Guillaume Arnaud
Direction éditoriale : Sarah Malherbe
Édition : Camille Icole

Direction artistique : Élisabeth Hebert
Conception graphique : Brice Boucher, Anne-Cécile Ferron

Direction de fabrication : Thierry Dubus
Fabrication : Axelle Hosten
Mise en page : Text'Oh !

15/27 rue Moussorgski,
75895 Paris Cedex 18
www.mameeditions.com

ISBN : 9782215132585
MDS : 651121N2

POURQUOI ?

L'ENCYCLO DES GRANDES QUESTIONS EN BD

Textes de Vincent Villeminot et Charlotte Grossetête
Illustrations de Olivier Deloye

Merci aux Marcos bros. pour leur aide : Victor pour ses couleurs
et Jean-Louis pour son aide précieuse à l'écriture.
Et surtout merci à Romain, Camille et Martin pour l'inspiration
et Marlène pour sa patience !

Olivier

Sommaire

J'essaie les mélanges !!!
?!

On veut des frites !

Est-ce que mes parents sont vraiment mes parents ?

Beaucoup d'enfants pensent que leurs parents ont pu se tromper à la maternité, qu'ils ont confondu et emporté le mauvais bébé... Ce n'est pas parce que Bonaventure ne ressemble guère à son père et qu'il ne comprend pas toujours sa mère qu'il est le fils caché d'un génie ou d'une fée ! D'ailleurs, même si ses parents ne sont pas parfaits, il ne les échangerait pour rien au monde.

UN ENFANT N'EST PAS UNE COPIE DE SES PARENTS

Bonaventure exagère quand même un peu : ses yeux sont semblables à ceux de son père. Il a aussi les fossettes de son arrière-grand-mère ! Les ressemblances familiales vont parfois loin dans le passé. Cela dit, même quand un enfant ressemble beaucoup à ses parents, il n'est pas une copie. Il est un individu unique : il a son propre visage, son caractère, ses goûts, sa liberté.

ET SI MES PARENTS ÉTAIENT MIEUX ?

Bonaventure adore s'imaginer des parents extraordinaires. Aujourd'hui, il se rêve fils d'un grand écrivain et d'une reine des elfes, demain, il s'inventera un papa cow-boy et une maman cosmonaute ! Dans la réalité, aucun enfant n'a des parents parfaits. Aucun parent n'a un enfant parfait non plus... Va donc demander aux parents de Bonaventure s'ils souhaitaient un fils exactement comme lui ! Ils te répondront : « Non, mais on l'adore tel qu'il est notre Bonaventure ! »

EN VRAI, C'EST MIEUX QU'EN RÊVE

On ne choisit pas ses parents ni ses enfants, c'est la vie qui les donne. Et c'est bien mieux ainsi. Tu aurais aimé, toi, choisir tes parents sur catalogue ? Ç'aurait été difficile... et pas si amusant que ça. Tu n'y aurais pas gagné. Tu le sais bien : les meilleurs parents du monde, ce sont les tiens, ceux que tu n'as pas choisis. Avec leurs (petits) défauts et leurs (grandes) qualités.

Les copains, je ne suis pas le fils de mes parents !
?
Papa est immense et maman n'aime pas les livres !
Donc j'ai bien réfléchi...
Je suis sûrement le fils d'un écrivain génial et d'une reine des elfes... Non ?
Les Elfes
Tu ne descendrais pas plutôt d'une tribu de nains ?

L'ADOPTION

Il y a des enfants que leurs parents abandonnent à la naissance. Ils sont alors adoptés, souvent par des couples qui n'arrivent pas à avoir d'enfant naturellement. Quand ils grandissent, ils ont envie d'en savoir plus sur leurs parents d'origine. C'est normal d'avoir envie de les connaître. Le danger est de croire qu'il s'agit de personnages héroïques : une princesse forcée de laisser son bébé, un chevalier chargé d'accomplir de grandes missions, des êtres forcément plus « extraordinaires » que ceux qui s'occupent d'eux tous les jours. Pourtant, choisir d'adopter un enfant est une grande aventure et celle-ci est bien réelle.

VOCABULAIRE

Bonaventure n'est pas un **clone**, une reproduction parfaite d'un de ses parents. Ceux-ci lui ont quand même transmis un héritage **GÉNÉTIQUE**, un ensemble de particularités physiques familiales **HÉRÉDITAIRES** (qui passent de génération en génération). Les parents qui élèvent Bonaventure sont ses parents **BIOLOGIQUES**, ceux qui l'ont conçu. S'il avait été adopté, ses parents adoptifs seraient ses parents **OFFICIELS**, reconnus par la loi.

HISTOIRE

UN BÉBÉ PAS COMME LES AUTRES

Le bébé Hercule gazouille, lorsque soudain sa nounou pousse un cri : deux serpents se sont glissés dans son berceau ! Hercule les empoigne et les étrangle d'un air ravi. La nounou hurle de plus belle, terrifiée par cet incroyable bébé ! Les autres nounous accourent (Hercule a plusieurs servantes car il est prince : son père est Amphitryon, le roi de Thèbes). Elles consolent en riant la pauvre femme. « On voit bien que tu es nouvelle ! Tout le monde ici connaît le secret de la naissance d'Hercule. Il n'est pas le fils d'Amphitryon. Sa mère l'a eu avec Zeus, le roi des dieux. C'est pourquoi il est doué d'une force surhumaine. Grâce à elle, il réussira des missions impossibles, ce qui le rendra célèbre à jamais. Mais ne l'envions pas ! Hercule a tout dans les muscles, rien dans la tête… Il aurait mieux valu que son père soit Amphitryon. C'est un roi intelligent. Il lui aurait transmis sa finesse. À cause de ses bêtises, Hercule ne sera pas heureux. À quoi sert alors d'être un demi-dieu ? »

Comment sait-on qu'on est amoureux ?

Quand on tombe amoureux, on le sait tout de suite : on a le cœur qui bat très fort et on n'a jamais été aussi bien en compagnie de quelqu'un… Ça peut t'arriver, comme pour Émilien et Bonaventure vis-à-vis de Julie ! D'ailleurs, parfois, cela peut rendre très malheureux. La différence c'est que, devenu grand, on cherche quelque chose en plus : l'homme ou la femme de sa vie. !

LA TÊTE DANS LA LUNE, LE CŒUR DANS LES ÉTOILES

Souvent, quand on est amoureux, on n'est pas le seul à le savoir. Les autres s'en rendent compte ! On devient distrait, on rêve et on chantonne, on sourit sans raison, on bondit quand le téléphone sonne… bref, on a un comportement bizarre ! Julie ne rate pas une occasion de se moquer gentiment de sa sœur en la traitant de « débile ».

L'AMOUR DONNE DES AILES

D'accord, l'amour rend tête en l'air ; mais il ne rend pas bête ! L'amour est la plus grande force qui existe. Quand on est amoureux, on devient encore plus généreux et énergique qu'avant. On est aussi plus optimiste : on voit la vie du bon côté et on croit qu'on arrivera à faire (presque) tout ce qu'on veut. Quand ils sont avec Julie, Émilien et Bonaventure se sentent capables de déplacer les montagnes !

GRAND CHAGRIN

L'amour est la plus belle chose du monde… quand il est partagé. Malheureusement, ce n'est pas toujours le cas. Il arrive qu'on aime une personne sans être aimé(e) en retour. Cela fait beaucoup souffrir. Souvent, il faut du temps pour guérir d'un chagrin d'amour et… rencontrer une nouvelle personne dont on pourra tomber amoureux !

Ma sœur dit que quand on voit son amoureux...
On a le cœur qui bat de plus en plus fort...
Qu'on n'arrête pas de rougir quand il nous parle !
Qu'on le regarde avec des yeux grands comme des soucoupes !
Qu'on a l'impression de ne plus toucher terre en sa présence...
Et qu'on n'est même plus capable de mettre un mot derrière l'autre...
Glxg...
Exgue ?
Hahaha, c'est débile, hein ?

LE PLUS BEAU, C'EST DE RESTER AMOUREUX

Colette et Jean-Baptiste, les parents de Bonaventure, sont mariés depuis vingt ans. Un jour, Colette a dit à son fils avec humour :

– Le plus beau n'est pas de tomber amoureux mais de le rester !

– C'est aussi le plus dur ! a ajouté Jean-Baptiste, et ils ont ri ensemble.

Intrigué, Bonaventure a demandé à ses parents la recette pour rester amoureux. Ils ont répondu en vrac :

– Être patient avec ton amoureux.

– L'écouter et le respecter.

– Lui pardonner ses défauts et ne pas oublier que tu en as aussi…

– Accepter que ton amoureux ait des côtés secrets !

– Continuer à se faire des compliments, même quand on vit ensemble depuis longtemps !

– Et ça marche ? a demandé Bonaventure.

– La preuve : j'aime ta maman encore plus qu'il y a vingt ans !

VOCABULAIRE

Il y a des degrés dans l'amour ; il vaut mieux mettre les bons mots sur les bons sentiments. On ne dit pas : « J'**ADORE** les nouilles, j'**AIME** mon chien, j'**AIME BIEN** mon amoureux. » Normalement, on met son amoureux au-dessus des nouilles, du chien, et même de tout le reste ! Un amour est heureux quand il est **RÉCIPROQUE** ou **MUTUEL**, c'est-à-dire partagé.On peut avoir un **COUP DE FOUDRE** sans qu'il y ait d'orage : c'est une image pour dire qu'on est tombé fou amoureux… en un éclair !

HISTOIRE

ROMÉO ET JULIETTE

Dans un riche palais de Vérone en Italie, un grand bal masqué a lieu. Cachée sous son déguisement, la ravissante Juliette est invitée par un jeune homme costumé à danser. Entre les deux danseurs, c'est le coup de foudre : ils tombent éperdument amoureux l'un de l'autre. Quel n'est pas le désespoir de Juliette lorsqu'elle apprend qui est son cavalier masqué ! C'est Roméo, le fils des Montaigu ! Ce sont les ennemis mortels des Capulet, les parents de Juliette. La passion de Roméo et Juliette est si grande qu'ils décident de se marier en cachette. Hélas, leur bonheur est de courte durée et ils meurent tous les deux par la faute de leurs familles ! Ne sois pas triste : la belle et terrible histoire de Roméo et Juliette a fait d'eux l'un des couples les plus célèbres du monde, mais elle n'est qu'une pièce de théâtre, écrite au XVIe siècle par le dramaturge anglais Shakespeare. Dans la réalité, les histoires d'amour sont rarement aussi tragiques !

Pourquoi des parents *divorcent-ils* ?

Quand les parents d'Émilien se sont rencontrés, ils voulaient s'aimer toute leur vie. Aujourd'hui, ils ne s'entendent plus et ils ont décidé de se séparer. Souvent cela rend Émilien très triste, mais ce n'est pas sa faute. C'est le choix de ses parents, qui resteront ses parents pour la vie…

L'AMOUR NE DURE PAS TOUJOURS… TOUJOURS

L'amour, ce n'est pas si simple que cela. Quand un homme et une femme vivent ensemble, il leur arrive de se disputer, de trouver que l'autre a des défauts agaçants. Tous les couples traversent des moments difficiles, ce qui ne veut pas dire qu'ils vont tous divorcer. Toutefois dans certains couples, les disputes finissent par tuer l'amour. Ça devient trop difficile de continuer à vivre ensemble.

UN CHOIX RÉFLÉCHI

Quand les parents prennent la décision de divorcer, les enfants sont forcément tristes. Comme Émilien, tous les enfants voudraient que leur papa et leur maman s'aiment toujours. Pourtant il faut respecter le choix des adultes. Ils ont beaucoup réfléchi, ils ont souffert aussi, avant d'accepter le divorce comme la seule solution possible. Ils sont trop malheureux pour que la famille continue dans ces conditions.

PAPA POUR LA VIE, MAMAN POUR TOUJOURS

Si tes parents se séparent, ta maman ne sera plus la femme de ton papa, mais elle sera toujours ta maman. Et ton papa sera toujours ton papa. Leur amour pour toi n'est pas remis en cause. Tu n'as rien à voir avec leur séparation, tu n'en es pas responsable : le divorce, ce n'est jamais la faute des enfants ! Chacun de son côté, ils continueront à te protéger et à veiller sur toi.

Demain, c'est mon anniversaire...
Cool !
Pff...
Tu le fêtes chez ton père...
... ou chez ta mère ?
Chez mon père et sa nouvelle femme...
Mais maman ne veut pas y aller !
Du coup, je le fêterai avec elle ce week-end !
Hé, mais...
... C'est trop bien ! Deux anniversaires... Deux gâteaux...
Bof ! Je préfèrerais le fêter une seule fois avec eux deux !
Mais surtout, deux fois plus de cadeaux !
Haha, tu sais me remonter le moral, Bonaventure !

MON PÈRE ME MANQUE !

Quand les parents d'Émilien ont divorcé, on a décidé que ce serait la maman qui en aurait la garde. C'est ce qui arrive dans la plupart des cas. Émilien passe un week-end sur deux et la moitié des vacances chez son père. Il a l'impression de rater plein de bons moments quotidiens : il envie ses copains qui ont leur papa tous les jours pour raconter des histoires, jouer au foot, construire des cabanes, dîner ensemble… et même pour se fâcher ! Heureusement, les week-ends avec son papa sont une telle fête qu'Émilien s'en souvient avec émotion pendant deux semaines, jusqu'à la fois suivante.

Quand le papa d'Émilien s'est remarié, sa nouvelle femme est devenue la **BELLE-MÈRE** d'Émilien. S'ils ont un bébé ensemble, ce sera le **DEMI-FRÈRE** ou la **DEMI-SŒUR** d'Émilien. Ils formeront une **FAMILLE RECOMPOSÉE**, dans laquelle les enfants n'ont pas tous les mêmes parents.
La maman d'Émilien ne s'est pas remariée : Émilien n'a pas de **BEAU-PÈRE**, sa maman vit seule, en **CÉLIBATAIRE**.

HISTOIRE

QUAND UNE FAMILLE RECOMPOSÉE ENTRE DANS LA LÉGENDE

Les rois du Moyen Âge ne vivaient pas tous des histoires d'amour éternel, comme dans les contes de fées. Connais-tu Aliénor d'Aquitaine ? Cette jeune fille exceptionnelle avait 15 ans lorsqu'elle devint reine de France en épousant Louis VII. Belle, brillante, courageuse, elle suivait même son mari à la guerre !
En 1152, puisqu'elle ne lui avait pas donné d'héritier au bout de quinze ans de mariage, Louis VII divorça. Aliénor épousa alors Henri Plantagenêt, qui devint roi d'Angleterre. N'étant plus reine de France, elle se fit reine du pays ennemi !
Comme pour mieux narguer Louis VII, Aliénor eut huit enfants avec son second époux dont cinq fils. Parmi eux, Richard Cœur de Lion, un chevalier au courage légendaire. Tu le connais : c'est le roi que servait fidèlement Robin des Bois !

Quand on grandit, est-ce qu'on reste le même ?

Comme Julie, tu rêves sûrement de tout ce que tu pourras faire quand tu seras un adulte. Toutefois son mariage de princesse ne ressemblera pas forcément à ce qu'elle imagine aujourd'hui. La maman de Julie, elle, ne croit plus aux contes de fées ; mais elle se souvient de la petite fille qui en rêvait.

JOUR APRÈS JOUR, LE MÊME... ET POURTANT DIFFÉRENT !

Regarde ton corps. Il grandit ; tu gagnes des kilos et des centimètres chaque année. Pourtant, ces changements sont invisibles à l'œil nu. Quand tu te réveilles le matin, tu as l'impression d'être exactement le même que la veille, le même que la semaine dernière, le même que le mois dernier ! Mais lorsque tu regardes de vieilles photos, tu es bien étonné de te trouver tellement grandi !

UNE RÉVOLUTION... TOUT EN DOUCEUR

Dans ta tête, c'est la même chose. Tu ne te transformes pas d'un jour sur l'autre, et pourtant tu « mûris ». Tu deviens capable de savoir ce que tu aimes, ce que tu veux. Tu cherches à comprendre, tu préfères qu'on te demande ton avis au lieu qu'on te donne des ordres, tu te sens de plus en plus responsable de toi-même. Bref, tu ne ressembles plus du tout à un bébé. Et dans quelques années, tu auras encore beaucoup changé.

UN GOUFFRE OU UN LONG CHEMIN ?

Parfois les adultes te semblent très différents de toi, comme s'il y avait un gouffre entre vous. Les « grands » ne croient plus au père Noël et autres magiciens. Comme la maman de Julie, ils se souviennent cependant de ces rêves d'enfants qui les ont fait grandir... même s'ils en sourient parfois. Entre toi et eux, ce n'est pas un gouffre qu'il y a mais un long chemin, le chemin des années qui passent, avec toutes les découvertes que la vie te fera faire.

Un jour, mon prince viendra, un jour...
Moi aussi Julie, quand j'avais ton âge, je rêvais au prince charmant.
J'ai enfin fini par le rencontrer !
Mais ce que je ne savais pas, c'est que les princesses...
?
... qui vivent heureuses et ont beaucoup d'enfants...
... sont vraiment vraiment... vraiment très occupées !!!
Pff...

QUAND EST-CE QU'ON GRANDIT ?

À 7 ans, quand on a l'âge de raison ? À 18 ans, quand on devient majeur ? À l'âge où le corps ne grandit plus ? Il n'y a pas de moment à partir duquel une personne se sent soudain forte, raisonnable et adulte. On grandit toute la vie, en faisant des progrès modestes ou énormes. Quand un enfant réussit à nouer ses lacets tout seul, ses parents lui disent qu'il est « grand ». Quand tu as su lire et écrire, tu as encore grandi. Ce que tu apprends à l'école, les jeux que tu partages avec tes amis, les livres que tu lis, tout cela te fait grandir petit à petit, sans que tu t'en aperçoives… et tu ne cesseras jamais de grandir dans ta tête. Tes parents peuvent te le dire : même à leur âge, ils continuent de grandir !

VOCABULAIRE

La grande étape qui mène à l'âge adulte s'appelle l'**ADOLESCENCE** : le corps se transforme beaucoup et ce qui se passe dans la tête bouge aussi. L'adolescence commence vers 13 ans et dure plusieurs années. Un **ADULTE** est une personne qui a fini sa **CROISSANCE** – son corps ne grandit plus – et qui a atteint une certaine maturité. En France, on est **MAJEUR** à 18 ans : on est alors considéré comme adulte et responsable devant la loi.

Les adultes ne **RENIENT** pas leur enfance, ils ne la rejettent pas. Parfois, ils sont même **NOSTALGIQUES**, tristes qu'elle soit finie ! Mais il ne faut pas souhaiter **RETOMBER EN ENFANCE** : cette expression veut dire perdre la tête quand on est très vieux !

HISTOIRE

PETER PAN, L'ENFANT QUI NE VOULAIT PAS GRANDIR

Wendy aime raconter des histoires merveilleuses à ses frères, le soir, dans la chambre qu'ils partagent tous les trois. Depuis longtemps, quelqu'un d'autre l'écoute en cachette. C'est Peter Pan, un étrange garçon habillé de vert, qui vit au Pays Imaginaire… Un soir, le père de Wendy décide que sa fille est trop grande pour partager la chambre des petits. Finie, la magie des histoires ! Maintenant, les garçons iront au lit tout seuls ! Devant cette décision autoritaire, Peter Pan réagit. Justement, lui, il n'a jamais voulu grandir ; il pense que les adultes sont trop rabat-joie pour qu'on les rejoigne dans leur monde ! Il propose à Wendy et ses frères de le rejoindre au Pays Imaginaire, pour rester toujours enfants… Aux côtés de Peter Pan, les trois enfants vivent des aventures fantastiques. Mais finalement, ils s'ennuient loin de leur famille ! Wendy et ses frères rentrent à la maison, ils acceptent de grandir…

Qu'est-ce que ça veut dire « être maltraité » ?

Certains adultes abusent de leur pouvoir sur les enfants. Au lieu d'employer leur autorité à les protéger, ils l'utilisent pour leur faire du mal : ils les punissent très sévèrement, les frappent... D'autres ne s'en occupent pas du tout. Mais les enfants maltraités doivent se faire entendre. Il y a toujours un adulte qui peut les écouter !

La loi française reconnaît 4 façons différentes de maltraiter les enfants :

LES VIOLENCES PHYSIQUES

Lorsqu'un enfant est battu, lorsqu'il reçoit souvent des punitions corporelles ou des coups, il est maltraité. Attention ! si ta maman te donne une tape parce que tu l'as vraiment poussée à bout, ce n'est pas de la maltraitance ! Quand un enfant exagère, il y a des petites claques qui partent toutes seules parce que la patience des parents a des limites. Mais tu t'en rends sûrement compte !

LES VIOLENCES PSYCHOLOGIQUES

La violence n'est pas forcément dans les gestes. Elle peut aussi être dans les mots. Si les adultes font sans arrêt des menaces à un enfant, s'ils lui disent des insultes et autres méchancetés, s'ils le font vivre dans un climat de peur, de disputes et de privations, cet enfant est maltraité.

LES ABUS SEXUELS

Quand un enfant n'est plus un bébé, il n'a plus besoin qu'on lui fasse sa toilette. À partir de ce moment-là, les adultes, y compris ses parents, n'ont plus à toucher ses organes sexuels (sauf si une visite médicale s'impose !) Les adultes ne doivent pas non plus demander aux enfants de toucher leurs organes sexuels. S'ils le font, c'est très grave et c'est interdit par la loi. Il faut en parler.

LES NÉGLIGENCES GRAVES POUR LE DÉVELOPPEMENT DE L'ENFANT

Un enfant est maltraité si ses parents ne s'occupent pas de lui : s'ils ne l'envoient pas à l'école, s'ils ne lui donnent pas assez à manger, s'ils ne veillent pas sur sa santé, etc. Par exemple, tu te crois peut-être maltraité lorsque tes parents te traînent chez le médecin pour y être vacciné... en fait, tu serais maltraité s'ils ne t'y emmenaient pas !

DÉCLARATION DES DROITS DE L'ENFANT
Pff ! Y'en a marre !!!
Maman ne me donne jamais de gifles quand j'ai de mauvaises notes...
Moi, mes parents ne me privent pas de tout pour le donner à mes sœurs !
Vous croyez qu'être privé de dessert après une bêtise, c'est être mal nourri ?
Bon...
... alors on ne manifeste plus, hein ?
Respectez nos droits
Halte aux maltraitanc
ON A FAIM !

EST-CE QU'IL Y A BEAUCOUP D'ENFANTS MALTRAITÉS ?

En France, on estime qu'il y en a à peu près 40 000. C'est un chiffre difficile à confirmer. Malheureusement, il y en a sans doute plus que cela. En effet, beaucoup d'enfants maltraités n'osent pas se plaindre, surtout quand les gens qui les maltraitent sont leurs parents. Un signe de la maltraitance, c'est justement la peur : la peur de rentrer chez soi et la peur d'en parler à un adulte.

POURQUOI LES ADULTES FONT-ILS CELA ?

Maltraiter un enfant, ce n'est jamais normal, et jamais justifié. Les adultes coupables de maltraitance ont de gros problèmes personnels. Ils sont méchants ou malades dans leur tête. Il faut les punir et les soigner en même temps, pour qu'ils guérissent et qu'ils ne recommencent jamais à se comporter comme cela.

ALLÔ ENFANCE MALTRAITÉE

En France, il existe un numéro de téléphone pour les enfants maltraités. C'est le **119**. Comme l'appel est gratuit, on peut le composer sur tous les téléphones, portables ou fixes, même dans une cabine téléphonique, sans avoir à payer. Au bout du fil, il y a des adultes qui répondent 24 heures sur 24. C'est leur métier d'écouter les enfants et surtout de les aider.

Est-ce que c'est mieux *d'être enfant unique* ?

Il n'y a rien de pire que les frères et sœurs sauf quand on est seul ! C'est difficile de partager sa chambre, ses jouets, son temps et ses parents. Pourtant on a tous besoin aussi de se sentir frère et sœur – Bonaventure et Julie sont la famille qu'Émilien s'est choisie.

ENFANT UNIQUE, ENFANT ROI

Émilien ne connaît pas les soucis du partage. Quand il se plonge dans une BD, il n'a pas de petite sœur pour geindre dans ses oreilles qu'elle voulait pile cet album-là. Quand il arrive devant l'ordinateur, il n'a pas à se battre contre un frère pour lui arracher la place. Bref, il est tranquille ! Et avec ça, Marine s'occupe d'Émilien en exclusivité, elle a tout son temps pour lui. Mais justement…

LAISSE-MOI TRANQUILLE, MAMAN !

Justement, Émilien aimerait bien parfois que l'attention de sa mère soit répartie entre plusieurs enfants. Pas pour faire plus de bêtises, non ! Mais juste pour respirer. Avant de rencontrer Julie et Bonaventure, il grandissait dans un univers d'adultes. Ce n'était pas amusant. Et souvent, il s'ennuyait, avec des grandes personnes trop raisonnables qui ne croyaient ni aux pirates, ni aux sorcières, ni au père Noël.

PLUS ON EST DE FOUS, PLUS ON RIT

Entre frères et sœurs, il arrive qu'on se dispute, s'injurie, on rêve parfois de se scalper comme des Peaux-rouges ! Il arrive aussi (beaucoup plus souvent) qu'on s'amuse comme des fous. Les cabanes, les repas, regarder un DVD, les balades à vélo, ça a plus de goût à plusieurs et les batailles d'oreillers sont difficiles à mener seul ! Avec des frères et sœurs, on ne partage pas seulement les jouets et les parents. On a une vie drôle et mouvementée, pleine de complicité !

J'aimerais bien avoir des frères et sœurs...
Tu rigoles ? Les sœurs, ça casse les jouets !
En plus, ça pleure sans raison...
Grrr !!!
Ça rapporte aux parents...
On se fait toujours gronder à leur place !
En fait, je préfèrerais avoir un frère et une sœur...
Vous !

LES JUMEAUX : UNIQUES OU IDENTIQUES ?

Les jumeaux, c'est l'extrême inverse d'un enfant unique. Dès le début, ils ont tout partagé, même leur chambre dans le ventre de leur maman ! Quand on a des frères et sœurs d'âges variés, chacun est traité selon son rang dans la fratrie : cela fait des différences. Les jumeaux sont vraiment élevés ensemble… sans être élevés « pareil » ! Aujourd'hui, on conseille aux parents de tout faire pour que chacun se sente… unique : ne pas acheter les mêmes vêtements, ne pas les inscrire dans la même classe, leur proposer des activités différentes. En même temps, les médecins disent qu'il y a un lien très spécial entre les jumeaux et qu'il ne faut pas le détruire en les séparant trop.

L'ensemble des frères et sœurs s'appelle la **FRATRIE**. Fils unique, Émilien éprouve quand même des sentiments **FRATERNELS** : ses amis sont comme un frère et une sœur pour lui. Les frères et sœurs sont en **CONNIVENCE**, ils s'entendent bien. On se gâche la vie à être **JALOUX** ou **ENVIEUX**, à loucher vers les autres en se croyant défavorisé.

VOCABULAIRE

HISTOIRE

LE PETIT POUCET

Le petit Poucet est le dernier d'une famille de sept garçons. Son père est un pauvre bûcheron. Un jour, une famine survient dans le pays. Désespérés de ne plus pouvoir nourrir leurs enfants, le bûcheron et sa femme décident de les abandonner dans la forêt… Mais Poucet, le plus débrouillard de la fratrie, ayant entendu la discussion de ses parents, avait rempli ses poches de cailloux pour les semer sur les chemins. Au milieu de la forêt, lorsque ses frères comprennent qu'ils sont perdus, le petit futé les console : il n'y a plus qu'à suivre les repères pour retrouver la maison ! Le conte ne dit pas si les sept garçons s'entendaient bien. Comme dans toutes les familles, ils savaient sûrement se bagarrer ! Peut-être les grands traitaient-ils Poucet de minus ! Dans l'adversité, toutefois, les frères et sœurs oublient (presque) toujours leurs mésententes et deviennent les meilleurs alliés du monde… Et parfois, les plus jeunes aident leurs aînés !

Pourquoi on ne peut pas manger des frites tous les jours ?

Tu finirais par en avoir assez… Non seulement c'est plus agréable de changer de plat tous les jours, mais c'est aussi meilleur pour la santé. Et puis, si tu ne goûtes pas tout ce que les cuistots ont à t'offrir, comment découvriras-tu toute la différence entre deux maisons, deux pays, deux cultures ?

DÉGOÛTÉ À VIE

Quand Robert-le-Rouge partait en mer pour de longs mois, il ne mangeait que des pommes de terre, parce que la patate se conserve bien dans les cales d'un navire. En semaine, il avait de la purée. Le dimanche, le cuistot faisait des frites. Au début, Robert s'est dit : « La chance ! » Il s'est vite lassé. Aujourd'hui, il ne peut plus voir ni la purée ni les frites, même en peinture !

LES REGRETS D'UN PIRATE GOURMAND

Ainsi, Robert a fait le tour du monde en ne mangeant que de la purée et des frites. C'est le plus grand regret de sa vie. « Pensez donc, les enfants ! Ces saveurs fantastiques que les cuisiniers d'ailleurs ont découvertes, je ne les ai pas goûtées ! Les épices, les poissons exotiques, les viandes du bout du monde, les fruits et légumes inconnus chez nous, les plats asiatiques qui mélangent le sucré et le salé, je n'en ai pas profité ! »

PIRATE ENVELOPPÉ, PIRATE EN DANGER !

En plus, avec ce régime, Robert est devenu gros. Pas pratique pour monter à l'abordage ! Il lui a fallu de la patience et du courage pour réussir à maigrir.
« Attention moussaillons ! » bougonne Robert quand ses protégés rêvent de frites à tous les repas. « Même les enfants peuvent devenir obèses s'ils ne mangent pas équilibré. Et quand on est gros, on n'est pas costaud. Bref, vous m'avez compris ? Il ne faut pas abuser des bonnes choses, sinon elles deviennent mauvaises ! »

On veut des frites !
TCHAC
TCHAC
TCHAC
Et voici des frites...
... de carottes, de poisson et de courgettes !
Alors là... Chapeau, Marine !

C'EST EN CUISINANT QU'ON DEVIENT GOURMAND...

La gourmandise est un joli (et bon) défaut. Il serait dommage de la limiter aux frites ou aux gâteaux. Il y a tellement de recettes qui donnent envie de lécher les plats ! Si tes parents ont un livre de cuisine, va fourrer ton nez dedans. Pourquoi ne pas essayer de réaliser toi-même les recettes les plus tentantes ? Avant de te lancer, il faut savoir deux choses. Premièrement : « Contrairement à ce qu'on croit, dit Émilien, la cuisine n'est pas réservée aux filles. Quand je serai grand, je serai chef dans un restaurant ». Deuxièmement : « Contrairement à ce qu'on croit, dit Marine, le nettoyage de la cuisine n'est pas réservé aux mamans. Quand tu auras fini ta recette, tu n'oublieras pas de faire place nette ! »

VOCABULAIRE

Une **ALIMENTATION ÉQUILIBRÉE**, dirait Robert, c'est une nourriture qui permet de garder l'équilibre sur le pont en pleine tempête. Elle contient toute l'énergie qu'il faut à un pirate, répartie dans une farandole d'aliments : viande, poisson, laitages, fruits, légumes, graisses et sucres. On doit s'alimenter au cours de quatre repas à heure régulière. Il faut éviter le **GRIGNOTAGE**, manger entre les repas, c'est mauvais pour la santé. On risque de devenir obèse, maladivement gros.

HISTOIRE

PARMENTIER, L'HOMME GRÂCE À QUI TU MANGES DES FRITES

Lorsqu'ils explorent l'Amérique au XIVe siècle, les Espagnols y découvrent une plante cultivée par les Incas : la pomme de terre. Intrigués, ils en rapportent en Europe… et s'en servent comme d'une plante décorative, car ils la soupçonnent d'être impropre à la consommation !

Heureusement, en 1785, un savant appelé Antoine Parmentier s'intéresse à cette plante prétendue toxique. Il pense au contraire qu'elle a de grandes qualités pour la santé. Il faudrait faire des expériences, l'idéal serait d'obtenir l'appui du roi en personne… Après avoir goûté à ce tubercule étonnant, le roi convaincu prête à Parmentier un terrain pour faire pousser ses « parmentières ». C'est ainsi qu'il réussit à vaincre les méfiances et à développer la culture de la pomme de terre en Europe.

Pourquoi faut-il obéir à ses parents ?

« Parce que c'est comme ça », répondrait Marine, la maman d'Émilien. Ce n'est jamais facile de faire ce dont tu n'as pas envie, ni de laisser quelqu'un décider à ta place. Les adultes ont plus d'expérience et de prudence, ils peuvent te faire grandir. « Une chose est sûre, dirait Marine, élever Émilien, ce n'est pas évident ! »

POUR BIEN GRANDIR

Émilien voudrait n'en faire qu'à sa tête. Il jouerait toute la journée, regarderait des DVD toute la nuit, et mangerait des frites à tous les repas. Résultat, il se ruinerait la santé et ne deviendrait pas très futé ! Heureusement que sa mère est là ! Quand elle l'envoie à l'école, qu'elle éteint la télé et lui inflige du poisson aux légumes, ce n'est pas pour l'embêter : c'est pour le faire grandir.

CHEFS DE FAMILLE

Les parents « commandent » parce qu'ils sont responsables de leurs enfants. Ils doivent les protéger et leur donner toutes les chances pour bien démarrer dans la vie. C'est même la loi qui leur donne cette mission ! Voilà pourquoi tes parents ne sont pas tes copains, tes égaux, même s'ils apprécient de jouer avec toi. Ils ont des exigences parce qu'ils t'aiment !

TA LIBERTÉ GRANDIT AVEC TOI

Tu peux discuter si tu ne comprends pas une obligation, par exemple les horaires de télévision ou l'heure d'aller au lit. Parfois tes parents estimeront que tu as raison et ils assoupliront la règle. Reste que s'ils te répondent : « On ne te demande pas ton avis ! », tu n'as plus qu'à obéir sans te vexer. Tes parents savent ce qui est bon pour toi… mieux que toi-même ! Et rassure-toi : à mesure que tu grandiras, ils te laisseront des libertés de plus en plus importantes.

Émilien, je trouve que tu es maintenant assez grand...
Je crois que nous pourrions désormais discuter ensemble de ce qui est bon pour toi !
?
Plutôt que je me fâche...
Qu'en dis-tu ?
Ok ! D'ailleurs, je pense que tu es aussi assez vieille...
... pour que nous discutions de ce qui est bon POUR TOI !
Qu'en dis-tu, maman ?
Pff... Aucune maturité !

MES PARENTS SONT TROP STRICTS !

Quand tu es invité chez un copain, ses parents peuvent te sembler moins sévères que les tiens. Sais-tu qu'il a la même impression chez toi ? C'est normal : les parents de ton ami ne sont pas là pour t'élever mais pour te faire plaisir. Alors ils peuvent t'autoriser des choses un peu exceptionnelles. Cela ne veut pas dire que c'est tous les jours la fête chez eux !

Il y a des parents moins souples que d'autres. Cela dépend de leur caractère… et de leurs enfants ! Quand ceux-ci sont sages, pas besoin de sévir. Émilien n'entre pas vraiment dans cette catégorie ! Heureusement que Marine, qui l'élève seule, a des trésors de patience pour faire face à son insolent garnement !

VOCABULAIRE

Tes parents ont de l'**AUTORITÉ** sur toi, ils ont le droit et le pouvoir de se faire obéir parce qu'ils sont **RESPONSABLES** de toi. Émilien trouve parfois sa mère trop **AUTORITAIRE**, trop rigide dans sa manière de commander ! Marine trouve que c'est difficile d'élever Émilien toute seule et regrette parfois de se mettre en colère sans raison. Être **LAXISTE** ou **PERMISSIF** en laissant ses enfants faire n'importe quoi, ce n'est pas non plus leur rendre service !

HISTOIRE

LA DÉSOBÉISSANCE DE PINOCCHIO

Pinocchio n'est pas seulement un menteur. C'est aussi un petit pantin très désobéissant ! Lorsque Gepetto, son père, lui demande d'aller à l'école, est-ce que Pinocchio va tout droit en classe ? Non. Il croise dans la rue deux inconnus qui ont l'air beaucoup plus intéressants qu'une institutrice ! Alors son ami Jiminy Cricket lui donne un bon conseil : « Tu dois obéir à ton père et aller à l'école ». Pinocchio est fâché qu'on ose lui donner un ordre ! Il décide de n'écouter que lui-même, et il suit les deux inconnus. En fait, ce sont de rusés gredins qui vont l'embarquer dans une série de mauvaises aventures…

Qui avait raison ? Gepetto évidemment ! Pinocchio s'en rend vite compte et il donnerait beaucoup pour retrouver son rabat-joie de papa… et perdre ses oreilles d'âne ! Bien sûr, pour devenir un vrai petit garçon, il faut aussi savoir faire des choix tout seul. Il n'empêche, petit Pinocchio : pour les choses graves, il vaut mieux faire confiance à ton papa, il a plus d'expérience que toi !

Pourquoi a-t-on envie de faire *tout ce qui est interdit* ?

On t'interdit de faire quelque chose et justement tu as très envie de le faire… pour le plaisir de la découverte ou par goût du risque ! En plus, en prenant des risques, tu peux tester tes limites, les dépasser… mais tu peux aussi faire de grosses bêtises !

« JE NE PEUX PAS M'EN EMPÊCHER »

Comme Émilien et Bonaventure, tu es parfois démangé par l'envie de faire des choses interdites, par curiosité ou pour tester ce qui se passerait si tu désobéissais. Souvent aussi, ce qui est défendu paraît plus agréable. Les pelouses interdites du parc feraient bien sûr LE terrain de foot idéal ! On peut aussi avoir envie de braver les interdictions pour crâner, pour se sentir libre. Parfois on désobéit par flemme : il est défendu d'entrer sale dans la piscine… mais c'est embêtant de passer sous la douche !

OSERA, OSERA PAS…

C'est normal d'avoir envie de faire des choses interdites. Même les adultes sont (souvent) tentés ! Par exemple, pourquoi y a-t-il des gendarmes sur les routes ? Pour surveiller les automobilistes et punir ceux qui ne respectent pas le code de la route… Du coup, les conducteurs sont prudents parce qu'ils risquent une amende ! De manière générale, même quand on rêve de faire des choses interdites, on est freiné par la crainte de la punition.

UN BOUCLIER POUR TA SÉCURITÉ

Si Émilien et Bonaventure avaient réfléchi deux secondes, ils ne se seraient pas fracassés contre un mur ! Les interdits sont là pour éviter de gros dégâts. « Et quand il n'y a aucun danger ? rétorque Émilien. Si je fais direct un plongeon dans la piscine sans passer par la douche, personne n'en mourra ! » Bien sûr. Mais tout le monde a le droit de profiter d'une piscine propre !

Émilien, tu sais pourquoi cette rue est interdite aux voitures et aux vélos ?
Sûrement parce qu'au bout, il y a le plus chouette...
Roul Roul
... le plus fantastique...
Roul Roul Roul Roul
... tremplin du monde !!!
YOUHOU
YOUP... Hiiii
Ha tiens, non...

RÈGLE DU JEU...

Dans tous les jeux, il y a des règles : elles prescrivent et interdisent certaines choses. Un jour, Julie et ses sœurs ont essayé d'inventer un jeu où tous les coups étaient permis, mais c'est vite devenu la foire : elles se sont ennuyées et sont revenues à leurs bons vieux jeux avec des règles !
On peut être tenté de tricher pour gagner. Dans ce cas, on s'appelle un mauvais joueur, une expression très juste. Enfreindre les règles, c'est casser le jeu : il ne peut pas durer longtemps. Le tricheur finit par se faire prendre ou vole la victoire aux autres. Dans les deux cas, ce n'est pas très glorieux...

VOCABULAIRE

Parfois, on **ENFREINT** une interdiction, on ne respecte pas une règle, on désobéit. Quand on désobéit sans faire exprès, c'est une **BÊTISE**, on n'a pas réfléchi. On commet une **FAUTE** quand on **TRANSGRESSE** un interdit exprès, quand on le brave. Émilien et Bonaventure se sont comportés comme des **TÊTES BRÛLÉES** ! Heureusement, cela ne veut pas dire qu'ils se sont brûlé la tête, mais juste qu'ils sont trop audacieux, prêts à se mettre en danger sans réfléchir.

HISTOIRE

ORPHÉE, EMMÈNE-LA, MAIS NE TE RETOURNE PAS !

Orphée est le plus grand musicien de la Grèce antique. Et voilà qu'Orphée épouse sa bien-aimée la nymphe Eurydice. Hélas : le jour des noces, la mariée est mordue par un serpent. Elle meurt et elle va aux Enfers. Le désespoir donne à Orphée l'audace d'y descendre pour y rechercher sa douce. Il a emporté sa lyre avec lui...
Sa musique est si belle, si poignante que le roi des Enfers, Hadès, est touché. « Je te permets de reprendre Eurydice, dit-il, mais à une seule condition : marche devant elle pour sortir des Enfers, et ne te retourne pas avant d'avoir franchi la limite de mon royaume. » Orphée se met en route. Il voudrait vérifier qu'Eurydice le suit, il voudrait admirer son visage. Pourquoi attendre ? Que peut-il arriver s'il transgresse l'interdiction d'Hadès ? Presque arrivé, Orphée commet l'irréparable : il se retourne vers Eurydice. Aussitôt, sa bien-aimée disparaît à jamais au fond des Enfers. Pour avoir désobéi, Orphée sera malheureux toute sa vie.

Est-ce que c'est *grave de mentir* ?

Julie aime entendre des histoires et aussi en raconter. Côté imagination, elle est imbattable ! Seulement voilà, dans le monde réel, les histoires qu'elle raconte à ses parents pour se tirer de mauvaises situations tournent souvent à la catastrophe et lui valent des réprimandes. Raconter des histoires et mentir, ce n'est pas tout à fait la même chose.

MENTIR C'EST TROMPER

L'écrivain raconte des histoires qui ne sont pas arrivées pour de vrai, ses personnages n'ont jamais existé, pourtant il provoque en nous de vraies émotions, parfois il nous aide à mieux comprendre le monde dans lequel nous vivons. Le menteur, lui, raconte des histoires avec l'intention de tromper les autres. Il dit le contraire de la vérité, exprès : pour faire du mal à quelqu'un, pour épater les copains, pour se sortir d'une mauvaise situation.

MENTIR POUR UNE BONNE CAUSE

On peut mentir pour éviter de faire du mal à quelqu'un ou pour rendre service à un ami. Toutefois, on ne connaît pas les conséquences de son mensonge.

PLUS PERSONNE NE TE CROIT

Au début, on a souvent de bonnes raisons de mentir. Puis on a besoin de plus gros mensonges pour cacher les plus petits afin que les autres continuent à nous croire. On devient alors prisonnier du mensonge. C'est grave parce qu'on est toujours obligé de se dissimuler. Si tu es dans ce cas et que tu es découvert, c'est la honte : on te met à l'écart et on ne veut plus te faire confiance.

Il y a pire
que le
mensonge...
?
C'est de laisser accuser
quelqu'un qui n'a rien fait.
Mais il y a pire encore !
Lorsque la
vérité éclate !!!

COMMENT TE SORTIR DU MENSONGE ?

Si le mensonge te permet momentanément d'éviter de te faire gronder, c'est parfois au prix de grandes complications ! Quand tu fais une bêtise, tu crois que le mensonge est la solution la plus facile pour te sortir d'une mauvaise situation. Cependant tu risques de te faire doublement punir : pour la bêtise et pour le mensonge. Dis-toi que : « Faute avouée est à moitié pardonnée ! » La vérité est souvent plus simple à dire qu'on ne le croit.

VOCABULAIRE

Les hommes ont toujours aimé **FABRIQUER DU FAUX** : ils racontent des histoires, inventent des personnages pour faire des romans, des pièces de théâtre, du cinéma.

Certains individus s'inventent des vies d'aventuriers, de séducteurs, de génies, et se font passer pour des héros ! Ce sont des **MYTHOMANES**. Mais avec le temps, la vérité finit par être dévoilée.

HISTOIRE

LE PETIT GARÇON QUI CRIAIT « AU LOUP ! AU LOUP ! »

Il peut souvent suffire d'un petit mensonge pour que la confiance soit brisée et que plus personne ne te croie. Tu connais sûrement l'histoire du petit garçon qui criait : « Au loup ! Au loup ! ».

Il n'y avait pas de loup, c'était pour de faux. Tout le monde prenait peur et le petit garçon trouvait cela très drôle. Un jour, le loup est arrivé pour de vrai. Et quand le petit garçon a crié : « Au loup ! Au loup ! », personne ne l'a cru, et il s'est fait dévorer ! Comment croire celui qui ment tout le temps ?

Ce qu'on **voit à la télé,** *est-ce que c'est vrai* ?

La télévision montre de plus en plus souvent des images en direct. On assiste ainsi à des événements au moment où ils se produisent. Cela ne donne pas toujours le temps aux journalistes de vérifier l'information. De plus, la télé peut paraître plus belle que la vie, pour Bonaventure comme pour toi : elle montre le meilleur d'un match et elle s'intéresse surtout aux gens célèbres. !

PAS DE BLAGUES !

À la télévision, les reporters n'ont pas le droit de jouer à faire des poissons d'avril. Ils doivent raconter fidèlement les événements qui ont lieu dans le monde. Le problème, c'est que le monde est vaste et qu'il se passe beaucoup de choses en une journée sur la planète. Les journalistes ne peuvent pas être partout à la fois pour vérifier toutes les informations.

DES NOUVELLES EN RACCOURCI

Le journal télévisé ne dure qu'une demi-heure. La télévision fait donc des résumés, des tris : elle laisse tomber beaucoup d'informations qui paraissent moins intéressantes que d'autres. Les journalistes préfèrent retenir les images spectaculaires, les récits passionnants ou choquants. Cela ne veut pas dire qu'ils cherchent à tromper mais souvent à épater. Aussi il ne faut jamais oublier que les informations télévisées sont incomplètes.

TÉLÉ-RÉALITÉ ? PAS TOUJOURS !

La télévision, ce n'est pas seulement le journal télévisé. Certains programmes comme les documentaires expliquent des choses réelles. Mais il y a aussi des divertissements, des feuilletons, des histoires inventées. Quand tu regardes un film sur la guerre, rappelle-toi qu'il est joué par des acteurs devant des caméras. Le cinéaste et le scénariste ont imaginé l'histoire à leur façon ! Le piège, à la télévision, serait de tout confondre ; de croire que toutes les émissions racontent la vraie vie, juste parce que l'on a des images impressionnantes sous les yeux.

Salut Bona', tu viens faire un foot ?
Non, merci !
Je préfère regarder un match ! Au moins à la télé, on voit jouer de vrais champions...
0-0
Tu peux revoir toutes les actions...
Et il y a les commentaires...
Julie !
Et l'avant-centre Émilien s'apprête à shooter une balle brossée... Bonaventure le gardien va-t-il réussir à stopper l'attaque ?

EST-CE QUE C'EST MIEUX QU'UN JOURNALISTE DONNE SON OPINION ?

Dans les quotidiens, les journalistes peuvent donner leur opinion en respectant la vérité : ils ne peuvent pas mentir pour faire triompher leurs idées. Mais c'est bien qu'ils puissent faire des commentaires. Ainsi, il y a des débats entre différents journaux (*Le Monde*, *Le Figaro*, *Libération*...) ; cela aide les lecteurs à réfléchir pour se faire leur propre idée. À la télévision, la règle est de ne pas donner d'opinion, parce que ce n'est généralement pas un lieu de débat. La télévision fournit des images immédiates, elle veut montrer des scènes « comme si on y était ». Elle a le devoir de rester neutre. C'est aux télé-spectateurs de se faire leur jugement sur les événements.

VOCABULAIRE

On demande aux journalistes d'être **OBJECTIFS**, de montrer la réalité telle qu'elle est. Sinon, l'information devient de la **PROPAGANDE** : la télévision ment ou exagère pour faire croire des choses. Comment vérifier la **VÉRACITÉ** des reportages, leur exactitude ? Parmi des informations sérieuses peut circuler un **CANULAR**, une fausse nouvelle. Dans les dictatures, le gouvernement exerce une **CENSURE** sur la télévision et la presse en général : il interdit aux journalistes de faire circuler certaines nouvelles.

HISTOIRE

UNE AFFREUSE TROMPERIE

En décembre 1989, une révolution éclate en Roumanie, dernier pays d'Europe à être dirigé par un dictateur. Le pouvoir s'effondre en quelques jours ; le dictateur, Nicolae Ceausescu, est fusillé avec sa femme. Dès le début du conflit, les révolutionnaires ont pris le contrôle de la télévision. Ils diffusent des reportages terribles sur les crimes de Ceausescu. Certaines images font le tour du monde : celles d'une dizaine de cadavres. Selon les journalistes, ces morts feraient partie d'un charnier de 4 500 personnes assassinées par la police de Ceausescu à Timisoara, là où eurent lieu les premières émeutes. Les téléspectateurs de tous les pays frémissent d'horreur ! En fait, des médecins vont examiner ces corps et découvrir qu'ils sont morts naturellement. Les révolutionnaires ont inventé un massacre afin de noircir davantage la cruauté de Ceausescu. Cette affaire a révélé au monde entier que le petit écran ne montre pas toujours la vérité.

Pourquoi y a-t-il des terroristes ?

Pour obtenir quelque chose, faire entendre ses idées ou lutter contre un pouvoir, on peut être tenté d'utiliser l'arme de la peur. Les terroristes sèment la terreur en tuant des innocents, et cela fait peur à tout le monde parce que n'importe qui peut être victime d'un attentat.

LA STRATÉGIE DE LA TERREUR

Dans le mot terrorisme, il y a « terreur ». Le but des terroristes est de faire vivre une société entière dans la terreur. Ils organisent des attentats dans des lieux publics fréquentés afin de faire un maximum de victimes, ou ils prennent des otages au hasard et parfois les assassinent. C'est un moyen radical d'attirer l'attention de millions de gens. Tout le monde est horrifié et pense : « Moi aussi, j'aurais pu me trouver à cet endroit-là ».

UN CHANTAGE SANGLANT ET SPECTACULAIRE

Le terrorisme existe depuis le XIXe siècle. Auparavant, il y avait des assassinats politiques : un roi ou un ministre était tué par un révolté qui détestait le gouvernement. Les premiers terroristes ont compris que le meilleur moyen de déstabiliser le pouvoir était de frapper les foules aveuglément. Cela permet de faire du chantage en ébranlant le pays tout entier : « Si vous ne nous écoutez pas, nous frapperons à nouveau, et vous êtes tous concernés ».

QU'EST-CE QU'ILS DEMANDENT ?

Les terroristes ont surtout des revendications (des demandes) politiques : par exemple, ils veulent l'indépendance de leur pays, la libération de prisonniers ou la chute d'un gouvernement. Toutefois leur manière de se battre est révoltante et injustifiable. Les innocents massacrés ne sont pas responsables de la situation que dénoncent les terroristes. C'est pourquoi le chantage terroriste n'a jamais vraiment marché : même si les gens ont peur, ils refusent de céder à un moyen de pression pareil.

Vous vous rendez compte ? Poser des bombes dans un métro. C'est horrible !!!
Grmblbl...
?
Je vais vous dire ce qu'il faut faire aux terroristes !
Il faut bombarder leur pays, leurs villages, leurs maisons !!!
...
Quand je dis ça, vous trouvez que je leur ressemble...
C'est ça ?

LES TERRORISTES SONT-ILS TOUS DES MUSULMANS ?

Le 11 septembre 2001 a eu lieu l'acte terroriste le plus meurtrier et le plus spectaculaire de l'Histoire : 3000 personnes sont mortes lors de l'attentat du World Trade Center à New York. Depuis, il y a eu d'autres attentats revendiqués aussi par Al-Quaida ou par Daesh, des organisations qui disent agir au nom de l'Islam. Mais attention ! Al-Quaida ou Daesh ne représentent qu'une poignée d'extrémistes dans la population musulmane du monde. L'immense majorité des musulmans est révoltée par le terrorisme. Il ne faut donc pas confondre l'Islam avec le terrorisme !
Par ailleurs, le terrorisme a malheureusement existé avant ces organisations : il y a eu les « brigades » anarchistes, les terroristes irlandais, les indépendantistes basques, les kamikazes palestiniens et d'autres encore…

VOCABULAIRE

Il est difficile de lutter contre les terroristes parce qu'ils sont organisés en **GROUPUSCULES**, en petits groupes, à l'intérieur d'une **NÉBULEUSE**, un rassemblement de gens très différents qui ont des relations secrètes. Lorsqu'un terroriste **REVENDIQUE** un attentat, il s'en proclame l'organisateur. Émilien propose des **REPRÉSAILLES**, il suggère de se venger aveuglément des terroristes. Est-ce une solution ?

HISTOIRE

MARTIN LUTHER KING ET SON ARME : LA NON-VIOLENCE

Avant les années 1950, aux États-Unis, les lois faisaient vivre les Noirs dans une position inférieure aux Blancs. Révoltés par cette injustice, certains ont fondé une organisation terroriste, les Black Panthers (Panthères noires), mais leurs actions violentes ne faisaient que durcir la position du gouvernement. Un pasteur noir appelé Martin Luther King a décidé d'agir autrement, par la non-violence. Il a organisé de gigantesques manifestations très calmes. Les policiers avaient du travail pour évacuer les manifestants car ceux-ci refusaient de bouger, et il fallait les porter comme des paralytiques. Martin Luther King avait d'autres idées encore. Par exemple, la loi interdisait aux Noirs de s'asseoir à côté des Blancs dans les bus. King a demandé à tous les Américains, les Noirs mais aussi les Blancs qui étaient d'accord avec lui, de ne plus prendre le bus. Ses appels pacifiques ont été entendus. Le président des États-Unis a fait abolir les lois raciales honteuses.

Pourquoi y a-t-il des enfants *qui meurent de faim* ?

Quand un pays va mal, c'est toujours les plus faibles qui souffrent le plus. Dans certains endroits du monde, la sécheresse ou la guerre provoquent la famine. Bien sûr, les pays plus riches devraient aider les victimes. Certains essayent, mais ce n'est pas toujours facile de se mêler des affaires de la terre entière.

LA FAMINE EST ANORMALE

Aujourd'hui, personne ne devrait mourir de faim. L'agriculture des pays riches produit des quantités énormes de nourriture. Avec ce qu'ils cultivent, les hommes sont capables de nourrir tout le monde. Il existe des avions, des trains et des bateaux pour transporter rapidement la nourriture dans un pays en cas de famine.

CATASTROPHES NATURELLES ET DIRIGEANTS CATASTROPHIQUES

Pourtant, il y a des pays où les gens ne mangent pas à leur faim. Des hommes, des femmes et surtout des enfants, parce qu'ils sont plus fragiles, risquent d'en mourir. Ce peut être à cause d'une catastrophe naturelle (tremblement de terre, cyclone, raz-de-marée) qui détruit les champs et les moyens de transport de la nourriture. Ce peut être à cause d'une guerre, ou à cause de mauvais dirigeants. Ils ne laissent pas l'aide arriver jusqu'à ceux qui en ont besoin.

LA SOLIDARITÉ EN ACTION

Une foule d'organisations ont été créées pour secourir les victimes de la faim. Certains dirigeants refusent cette aide, soit parce qu'ils ne veulent pas être dépendants des pays riches, soit parce qu'ils veulent du mal aux populations en danger. D'autres responsables gardent l'argent pour eux. Il faut chercher les moyens les plus sûrs de verser l'aide directement aux victimes.

Dans le pays où je suis né, il y a la pauvreté, des conflits armés...
Parfois, même les enfants ont des fusils !
Il y a la sécheresse...
Et il y a actuellement une grave famine !
Du coup, les enfants de mon pays...
... finissent par mourir de faim par milliers !
En fait, c'est une histoire triste...

EST-CE QUE DES GENS MEURENT DE FAIM EN FRANCE ?

En France, l'état organise une certaine répartition des richesses. Les gens riches paient beaucoup d'impôts ; les plus pauvres en paient moins ou pas du tout et reçoivent des aides pour vivre décemment. C'est bien mieux que rien. Malgré cela, certaines personnes ne mangent pas à leur faim, même si elles ne risquent pas d'en mourir. Ce sont les gens du quart-monde : on appelle quart-monde la population la plus pauvre des pays riches (les gens pauvres des pays pauvres forment le tiers-monde). Pour eux, il existe aussi des associations humanitaires, par exemple les Restos du Cœur.

VOCABULAIRE

Un enfant mal nourri souffre de **MALNUTRITION**. Les associations qui s'occupent de récolter des vivres, de la nourriture, sont des associations **HUMANITAIRES**. Elles sont souvent des organisations **NON-GOUVERNEMENTALES**, indépendantes des gouvernements, ce qui leur donne plus de liberté. Malheureusement elles doivent se battre contre la **CORRUPTION** : dans de nombreux pays, il faut verser de l'argent aux dirigeants pour obtenir des faveurs.
Parfois, l'argent n'arrive pas aux victimes, il y a eu un **DÉTOURNEMENT DE FONDS**.

HISTOIRE

LA PREUVE QUE « QUAND ON VEUT, ON PEUT ! »

À la fin de la Seconde Guerre mondiale, l'Allemagne est coupée en deux : il y a la partie Est et la partie Ouest. Par une bizarrerie politique, en plein milieu de l'Allemagne de l'Est se trouve la ville de Berlin, coupée en deux elle aussi : Berlin Ouest appartient à l'Allemagne de l'Ouest. Or les deux gouvernements se détestent. En 1948, le chef de l'Allemagne de l'Est décide de porter un grand coup à son adversaire. Il fait couper toutes les routes qui mènent à Berlin Ouest, la ville devient prisonnière à l'intérieur de l'Allemagne de l'Est. À cause du blocus, elle n'a plus de nourriture. Elle est condamnée à la famine. L'Allemagne de l'Ouest, aidée par les États-Unis, organise alors un gigantesque « pont aérien ». Pendant un an, des avions chargés de nourriture vont ravitailler Berlin Ouest encerclé ! Devant cette réaction vigoureuse, l'Allemagne de l'Est finit par abandonner le siège.

À quoi sert la politesse ?

Pour vivre ensemble, il faut parfois se plier à des règles qui te semblent étranges et compliquées : il y a des choses qui se font et d'autres qui ne se font pas, sans que tu saches pourquoi. Tu rêves parfois d'un monde où on pourrait être moins hypocrite, plus naturel... mais la vie avec les autres ne serait pas forcément plus simple !

OH, LÀ, LÀ, C'EST COMPLIQUÉ !

La politesse est un ensemble de codes qu'on te demande d'employer pour parler aux autres et pour vivre avec eux. Ces codes vont du plus simple au plus compliqué. Ils changent selon que tu t'adresses à un enfant, à un adulte, à quelqu'un que tu connais ou à un étranger. Bref, tu trouves peut-être que la politesse est un casse-tête. Elle te semble parfois être un gâchis de temps et d'énergie !

DES MOTS ET DES GESTES POUR FAIRE JOLI...

Bien sûr, les bonnes manières et ces mots magiques qui font plaisir à tes parents (s'il te plaît, merci) ne sont pas indispensables pour vivre. Pourtant, la politesse n'est pas seulement décorative. À l'oublier, on retournerait à la préhistoire... et encore ! Bonaventure exagère : les hommes de Cro-magnon avaient sûrement leur façon d'être polis !

... MAIS SURTOUT POUR SE DIRE QU'ON S'AIME !

La politesse n'est pas encombrante. Elle sert à faire plaisir et à entretenir la bonne entente entre les gens. Dire bonjour à tes parents, c'est leur montrer que tu es content de commencer la journée avec eux. Remercier la dame de la cantine, c'est lui montrer que tu ne la prends pas pour ton esclave et que tu as remarqué qu'elle te rend service. Écrire à tes grands-parents pour leur anniversaire, c'est leur dire que tu penses à eux même s'ils habitent loin.

Ils avaient trop de chance,
les hommes préhistoriques !
L'ÂGE DU FEU
Ils pouvaient manger salement !
Dessiner sur les murs...
Pas besoin de dire s'il te plait,
ni merci... Ni même pardon !
BURPS
Et avec
les filles...
Grrr !
Pardon Julie, pardon !
S'il te plait...
En fait,
c'est tout nul,
la préhistoire !

LA POLITESSE, C'EST LA TOLÉRANCE

Au Japon, il est grossier de se moucher en public. En Inde, il est choquant de manger avec sa main gauche. Au Maroc, on rote à la fin d'un plat pour dire qu'on l'a aimé. Ils sont fous ces étrangers ? Non : les bonnes manières varient selon les pays. Quand on voyage, la vraie politesse consiste à se renseigner sur les coutumes du lieu pour s'y adapter. Tu auras besoin de cette tolérance même en France. Tous les parents n'élèvent pas leurs enfants pareil. Tu rencontreras toujours des gens qui n'ont pas les mêmes manières que toi. Être poli, c'est mettre les autres à l'aise en s'adaptant à leur façon de vivre. C'est comme cela qu'on peut devenir ami avec des gens très différents.

VOCABULAIRE

Lorsqu'une personne est agréable à fréquenter parce qu'elle est polie et souriante, on dit qu'elle a du **SAVOIR-VIVRE**. Elle a du **TACT** : elle sent comment il faut se comporter pour faire plaisir aux gens et éviter de les vexer. Au contraire, il y a des personnes grossières ou malotrues : elles se moquent de la politesse et font de la peine aux autres en leur parlant mal. Pour parler d'un malotru, on dit aussi : « quel **MALAPPRIS** » parce qu'il a mal appris… la politesse !

HISTOIRE

LA POLITESSE DES PRÉSIDENTS

Un homme d'État africain est invité à dîner chez le président de la République française (à l'époque, Charles de Gaulle). À la fin d'un plat, les serveurs apportent à chaque convive une petite coupe remplie d'un liquide chaud et parfumé. C'est un rince-doigts : les invités sont censés tremper leurs mains dedans pour les laver. Mais l'invité africain n'a jamais vu cela : dans son pays, les rince-doigts n'existent pas. Croyant qu'il s'agit d'une boisson, il porte la coupe à ses lèvres et vide son contenu… Autour de la table, certains sourient, très amusés de cette méprise. C'est alors que de Gaulle, sérieux et digne, lève sa coupe et dit : « Messieurs, à votre santé. » Puis il boit son rince-doigts en obligeant les moqueurs à faire la même chose ! Grâce à son geste, l'hôte africain n'a pas « perdu la face ». Le Président vient de donner à toute la table une drôle de leçon de politesse : lorsqu'une personne ignore une coutume, les « bonnes manières » ne consistent pas à se moquer de son erreur !

Pourquoi certaines façons de s'habiller sont-elles « élégantes » et d'autres « vulgaires » ?

On exprime beaucoup de choses par sa façon de s'habiller. Julie, par exemple, n'a pas envie de ressembler à une petite fille. Reste que ce serait ridicule pour elle de s'habiller déjà comme une femme ! Ce n'est pas en se déguisant qu'elle trouvera la solution. Car bizarrement, le bon goût se remarque surtout… quand on ne se fait pas remarquer. !

ÊTRE ÉLÉGANT, CELA S'APPREND

Être élégant, c'est s'habiller avec goût pour être agréable à regarder. Cela ne veut pas dire qu'on cherche à attirer les regards par des vêtements clinquants (« tape à l'œil »). Ça, ce serait plutôt la vulgarité : les gens vulgaires se font remarquer parce qu'ils choquent les yeux. Le bon goût est discret. Il y a cependant toute une recherche derrière ! La simplicité s'apprend. Pour devenir élégant, on est obligé de faire beaucoup d'essais devant son miroir, comme Julie… qui n'est pas encore au bout de ses peines !

ÉLÉGANT À PETITS PRIX

Pour être élégant, inutile d'être reine ou milliardaire. Pas besoin de porter des bijoux hors de prix, des chapeaux extraordinaires, des pantalons coupés dans un tissu précieux. Inutile d'acheter des marques célèbres. On peut être élégant en s'habillant dans des magasins « ordinaires » !

EST-CE QU'IL FAUT ÊTRE À LA MODE ?

La mode c'est bizarre parce que ça change tout le temps. Une année, les chaussures ont le bout pointu, l'année d'après un bout rond et les bouts pointus deviennent démodés ! Notre regard et notre goût évoluent. Bien sûr, il faut un peu surveiller la mode pour être élégant. Toutefois il ne faut pas devenir obsédé, vouloir toujours les dernières nouveautés.

Maman dit que j'ai l'air d'un véritable garçon manqué !
Mais quand c'est elle qui m'habille...
HA HA HA HA HA
Hahaha, on dirait tes petites sœurs !!!
Et quand je mets une robe et des chaussures à talons...
Elle trouve que j'ai l'air vulgaire !
Alors c'est décidé...
J'essaie les mélanges !!!
?!

L'ÉLÉGANCE MORALE

Dans ma vie de pirate, raconte Robert, j'ai eu un modèle : le grand corsaire Robert Surcouf, qui capturait les navires anglais pour Napoléon. Quand à bord il y avait des passagères britanniques, il les traitait avec une courtoisie parfaite. Il était clément envers ses prisonniers, galant avec les dames, plein d'humour et de gaîté.

Toutes ces qualités, c'est aussi une forme d'« élégance » plus importante que celle des vêtements. D'ailleurs, les Anglais respectaient Surcouf, même s'ils avaient promis une récompense énorme pour sa capture. Leurs journaux le décrivaient justement comme un ennemi « élégant » !

VOCABULAIRE

On peut être élégant sans être **TIRÉ À QUATRE ÉPINGLES**, c'est-à-dire excessivement soigné de sa personne. Bien sûr, les gens aiment parfois **SE METTRE SUR LEUR TRENTE-ET-UN**, sortir leur plus belle tenue : pour un mariage par exemple. Tu as peut-être entendu la drôle d'expression **BCBG**, abréviation de **BON CHIC BON GENRE**. On s'en sert pour désigner (en souriant !) les gens qui sont toujours à cheval sur l'élégance, qui y attachent beaucoup d'importance.

HISTOIRE

QUAND UNE PETITE FLEURISTE DEVIENT UNE GRANDE DAME

My fair lady est un film de George Cukor (1964) tiré d'une pièce de G.-B. Shaw. Sur les marches d'un théâtre de Londres, Eliza vend des fleurs. Sa voix vulgaire attire l'attention du professeur Henry Higgins, un savant qui étudie la façon de parler des gens. Cette jeune fleuriste vient des bas quartiers, où habitent des familles pauvres et sans éducation ! Un ami du professeur lui lance un défi. « Je te donne six mois pour transformer cette Eliza en une grande dame. » Amusé, Higgins la prend chez lui. En travaillant dur, Eliza perd son accent des faubourgs. Le professeur lui fournit des habits chics et lui apprend les bonnes manières. Six mois plus tard, c'est le triomphe : lors d'un bal, Eliza est présentée à la haute société anglaise comme une jeune fille de sang royal, et personne ne se doute de la vérité !

Comment sait-on si on est riche ou si on est pauvre ?

Être pauvre, c'est ne pas avoir assez d'argent pour vivre normalement : habiter une maison ou un appartement, avoir de la place pour faire ses devoirs, pouvoir se nourrir, s'habiller, se soigner.

LA PLUPART DES GENS SONT ENTRE LES DEUX

On est pauvre quand on manque du nécessaire : on est mal-logé, mal-nourri, mal habillé. On est riche quand on a de l'argent pour s'acheter tout ce dont on a besoin… mais aussi beaucoup de choses dont on a envie, et qui ne sont pas indispensables pour vivre. Entre la grande pauvreté et la grande richesse, il y a beaucoup de situations intermédiaires.

COMBIEN FAUT-IL AVOIR D'ARGENT ?

Il faut en avoir assez pour vivre sans être inquiet du lendemain. C'est agréable de pouvoir s'offrir des petits « plus » de temps en temps : de belles vacances, de la meilleure nourriture lorsqu'on veut faire la fête ou des cours de saxophone ! Sinon, on est « frustré » : on a l'impression de ne pas profiter de la vie, on éprouve des manques qui peuvent empêcher d'être heureux.

L'ARGENT COMPTE, MAIS NE SUFFIT PAS

Émilien et ses amis adoreraient être richissimes… ils se déplaceraient en jet privé, auraient une armée de serviteurs et passeraient toute l'année en vacances dans les palaces. Est-ce que ça les rendrait forcément heureux ? C'est sûr que l'argent contribue au bonheur parce qu'il donne un sentiment de liberté et de sécurité. Cependant il ne suffit pas tout à fait. Sans l'amitié et la bonne humeur les milliardaires sont des pauvres malheureux !

Regardez, j'ai eu Mégalotor Ex !
Pas mal !
Moi, je l'ai déjà en version Full-Art... Et aussi en Turbo-Méga !
Et j'ai Méga-Broudor !
J'ai 43 Ex, 15 Turbos et 29 Mégas...
C'est moi qui ai la plus grande collec' de l'école !
...
Euh... Je peux jouer avec vous ?
D'acc !
POKS

AVOIR PLUS D'ARGENT NE SIGNIFIE PAS TOUJOURS ÊTRE RICHE

La richesse et la pauvreté ne se mesurent pas forcément en argent, même si c'est le moyen le plus simple de calculer une fortune. Par exemple, il y a des pays où les gens n'ont presque pas d'argent, mais tous ne sont pas pauvres pour autant. Ceux qui élèvent des animaux et qui cultivent des champs ont largement de quoi vivre, parce qu'ils mangent ce qu'ils produisent dans leur ferme : on appelle cela de « l'autoconsommation ». Dans ces pays-là, les habitants des villes sont souvent plus pauvres, même s'ils gagnent plus d'argent : ils en dépensent beaucoup pour leur consommation (logement, nourriture).

Les gens qui n'ont pas assez pour vivre **DÉCEMMENT**, dans des conditions acceptables, sont **EN DESSOUS DU SEUIL DE LA PAUVRETÉ**. Entre eux et les gens très riches, il y a les **CLASSES MOYENNES** : ce sont tous les gens qui ont assez pour vivre sans être milliardaires ! Il y a des pays où la majorité des gens sont très pauvres : ce sont les pays du **TIERS-MONDE**. Dans les pays riches, il y a aussi des gens très pauvres : pour parler d'eux, on a inventé l'expression quart-monde.

VOCABULAIRE

HISTOIRE

C'EST DANGEREUX DE DONNER AU ROI L'IMPRESSION QU'IL EST PAUVRE...

Nicolas Fouquet est l'un des ministres de Louis XIV. Il occupe même une place essentielle à la cour du jeune roi, puisqu'il est surintendant des finances : c'est lui qui gère le trésor du royaume. Fouquet a une immense fortune personnelle. Comme il a le goût des belles choses, il se fait construire un somptueux château près de Paris. Une fois les travaux finis, il invite le souverain à visiter son palais de Vaux-le-Vicomte. Le roi, malgré ses pouvoirs, pâlit de jalousie ! Il a l'impression d'être pauvre à côté de cet insolent Fouquet, qui vit dans le luxe.

Peu après, enquêtant sur son ministre, Louis XIV découvre que Fouquet n'a pas toujours été honnête dans sa gestion du trésor. Il le fait emprisonner à vie et confisque tous ses biens, y compris ce château dont il était envieux ! La sévérité du roi montre qu'il n'a jamais pardonné à Fouquet sa malhonnêteté... et surtout sa fortune !

Pourquoi est-on obligé de travailler ?

Bien sûr, il faut travailler pour gagner de l'argent… Néanmoins, travailler n'est pas seulement utile, cela peut aussi être intéressant. Pour apprendre de nouvelles choses, pour inventer, pour progresser, pour améliorer ta vie et celle des autres, cela demande toujours de prendre du temps, et de faire des efforts.

Le petit-déjeuner au lit s'il vous plaît !

Eh non… dans la vie, ça ne se passe pas toujours comme ça. On ne vit pas dans un monde magique où l'on pourrait obtenir ce qu'on veut, le petit-déjeuner et tout le reste, en restant sous la couette ! Imagine ce qui se passerait si personne ne travaillait. Déjà, adieu le petit-déjeuner au lit… parce qu'il n'y aurait pas de boulanger pour cuire tes croissants, pas de menuisier pour te fabriquer un lit, pas de tisserand pour te coudre une couette, et pas de maçon pour te construire une maison ! Tout le monde serait bien embêté et personne n'aurait quoi que ce soit pour vivre.

Sans le travail, la vie serait moins belle

C'est le travail qui fait vivre et avancer le monde. À ton âge, tu en sais déjà quelque chose. L'école t'oblige à étudier… pour que tu aies la tête bien faite, que tu apprennes des méthodes de travail et que tu puisses exercer un métier plus tard !

Obligatoire ne veut pas forcément dire embêtant. Le travail peut rendre heureux. Il enrichit l'existence. Pas seulement parce qu'on gagne de l'argent, mais parce qu'on rencontre des gens et qu'on se sent utile : on invente et on fabrique des choses, on aide des gens, on vend des objets indispensables à la vie de tout le monde. La plupart des gens n'aimeraient pas du tout abandonner leur métier… même s'ils râlent quand il faut se lever pour aller travailler !

9h
11h
14h
16h
18h
Est-ce que tu as fait tes devoirs ?
Pff... Y'en a marre de toujours, toujours, toujours travailler !!!

POURQUOI PRÉFÈRE-T-ON LE JEU AU TRAVAIL ?

Quand Émilien, Julie et Bonaventure ont le choix entre jouer et travailler, c'est bizarre : ils préfèrent jouer ! Pourtant, les jeux demandent aussi de gros efforts de concentration. Il faut faire marcher son intelligence pour gagner, il faut être malin et inventif, il faut respecter des règles, comme on respecte les consignes de la maîtresse ! Souvent, à la fin d'un jeu, les trois copains sont plus fatigués qu'après une dictée.

On ne peut donc pas dire que jouer est une manière de se reposer ! Disons que c'est une manière plus amusante de faire fonctionnert son cerveau. On peut bouger, crier, se défouler (sauf aux échecs, un jeu pour les calmes, qu'Émilien déteste !). On s'arrête quand on en a assez… alors que la maîtresse ferait une drôle de tête si on décidait de quitter ainsi la classe.

VOCABULAIRE

Le travail ne sert pas seulement de **GAGNE-PAIN**, il ne permet pas uniquement de toucher de l'argent pour se nourrir et vivre. Il peut être **ÉPANOUISSANT**, embellir la vie, construire le monde. Bien sûr, un travailleur a des **CONTRAINTES**, des obligations. Il a un patron, et souvent plusieurs chefs qui se commandent les uns les autres : cette série de directeurs s'appelle la **HIÉRARCHIE**.

HISTOIRE

UN TRÉSOR CACHÉ

Un riche paysan, devenu vieux, sent qu'il va bientôt mourir. Il appelle ses enfants et leur dit : « Je vous donne mon champ en héritage. Un trésor est caché dedans, mais je ne sais pas exactement où ! Vous le trouverez facilement en labourant la terre. » Ses enfants tout excités se mettent au travail. Ils creusent, ils bêchent, et retournent le champ entier sans ménager leurs efforts… justement ce qu'il faut faire quand on veut préparer une bonne récolte. Ils se démènent si bien que la moisson suivante leur rapporte une fortune. Ils n'ont pas trouvé les pièces d'or… tout simplement parce qu'il n'y en avait pas ! Ils n'en veulent pas pour autant à leur père d'avoir employé la ruse pour les faire travailler. Ils comprennent ce qu'il a voulu leur montrer dans sa sagesse de vieil homme : c'est le travail qui est un trésor.

Si tu veux connaître cette histoire plus joliment racontée, tu peux lire dans les fables de La Fontaine : *Le Laboureur et ses enfants*.

Pourquoi c'est dur d'être au chômage ?

Même si presque tout le monde a un (ou plusieurs) métier(s), on ne peut pas toujours le pratiquer. Beaucoup de personnes sont au chômage parce qu'elles ne trouvent pas de poste. C'est dur parce qu'on ne gagne pas l'argent dont on a besoin et on se sent inutile.

INACTIF SANS ÊTRE EN VACANCES

C'est parfois dur d'aller travailler. C'est plus dur encore de ne pas trouver de travail. Le chômage n'a rien à voir avec les vacances. On n'a pas choisi de s'arrêter de travailler, et surtout on ne sait pas combien de temps ça va durer : tant qu'on n'a pas trouvé un nouvel emploi, on ne peut plus faire de projets, on est soucieux, on n'a pas l'esprit libre pour profiter de la vie.

PROBLÈMES D'ARGENT

En France, les chômeurs reçoivent une aide pour vivre dans des conditions décentes, et c'est déjà une chance parce que tous les pays du monde n'offrent pas ce coup de pouce. Cette assistance est bien sûr modeste par rapport à un vrai salaire. Tous les chômeurs ont hâte de retrouver un travail pour pouvoir vivre normalement.

DUR POUR LE MORAL

Le chômage n'entraîne pas seulement des problèmes d'argent. Quand on ne travaille plus, on rencontre moins de gens, on se sent à l'écart. Un chômeur peut avoir l'impression de ne servir à rien et de ne plus avancer dans la vie, surtout si cette situation dure longtemps. Pourtant, le chômage n'a rien à voir avec les qualités personnelles de l'individu. Dans cette période déprimante, il est bon d'avoir une famille et des amis qui aident à garder confiance en soi.

Je lutte contre le chômage !
Maman insiste pour que j'apprenne à coudre...
Mamie dit que je devrais savoir faire la cuisine...
Mes petites sœurs veulent que je fasse la baby-sitter !
Mon père voudrait m'apprendre à bricoler !
Mais j'ai refusé, je ne veux surtout pas...
... prendre la place de quelqu'un !

UN NOUVEAU DÉPART

Beaucoup de chômeurs réussissent à tirer parti de leur période de chômage. Ils décident de se « former ». En quelque sorte, ils retournent à l'école : ils peuvent acquérir de nouvelles compétences et même apprendre un nouveau métier. Une période de formation est souvent positive, et bonne pour le moral. On n'a pas le temps d'être déprimé parce qu'on apprend des choses et on rencontre aussi des gens qui viennent d'horizons différents.

VOCABULAIRE

Parfois, une entreprise **FAIT FAILLITE** : elle ferme parce que son activité est insuffisante. Ses employés sont **LICENCIÉS**, se retrouvent sans travail. Ils reçoivent alors des **ALLOCATIONS**, des aides financières. Le **NIVEAU DE VIE** d'un chômeur (ses conditions matérielles) est plus bas que celui d'un salarié. Les **JOURS CHÔMÉS** sont ceux où les travailleurs… ne travaillent pas (dimanches et jours fériés).

HISTOIRE

LA PREMIÈRE FOIS QU'UN GOUVERNEMENT A AIDÉ LES CHÔMEURS

En 1929, une crise économique d'une gravité incroyable frappe les États-Unis. Les banques n'ont plus d'argent, les entreprises ferment, une personne sur quatre se retrouve sans travail ! La crise dure, et personne ne sait comment en sortir.

En 1932, un président très volontaire est élu. Il s'appelle Franklin Roosevelt. D'abord, il lance d'immenses travaux publics pour donner du travail aux chômeurs : des routes, des barrages qui fourniront de l'électricité. Puis, Roosevelt a une idée révolutionnaire. Il crée la « sécurité sociale » pour aider les gens en difficulté : les malades, les handicapés, les personnes âgées, tous ceux qui ne peuvent pas travailler normalement. Aujourd'hui, son idée est devenue classique : en France aussi il y a une Sécurité sociale… plus généreuse qu'aux États-Unis.

Est-ce qu'il y a des « métiers d'homme » et des « métiers de femme » ?

Pour faire certains métiers, il faut être très costaud, ou très grand, ou très habile… Ces qualités, on les rencontre plutôt chez les hommes, ou plutôt chez les femmes. Mais Julie a raison : la plupart du temps, on réserve les métiers à certains parce qu'on a toujours fait comme ça.

ATTENTION MÉTIER RÉSERVÉ !

Par tradition, la société pousse les femmes vers des métiers liés à la famille ou à l'éducation des enfants. Dans les écoles par exemple, tu trouveras toujours plus d'institutrices que d'instituteurs. En revanche, les femmes sont presque absentes des métiers qui exigent une forte résistance physique ou des prises de risques : il y a plus de messieurs parmi les ouvriers du bâtiment ou les pilotes de chasse…

À QUAND L'ÉGALITÉ ?

Autrefois, les femmes étaient cantonnées à la maison. Maintenant, si elles souhaitent avoir une vie professionnelle, c'est leur droit le plus strict (en France, du moins). N'empêche qu'il reste des injustices ! Les femmes sont souvent moins payées que les hommes pour un même travail. Elles sont aussi moins nombreuses à occuper des postes de chef.

LES MÉTIERS N'ONT PAS DE SEXE

Tu as le droit de rêver à un métier même s'il est réputé être « réservé » aux autres. Si tu es une fille, il te faudra parfois de la fermeté comme Julie, pour t'imposer auprès de ces messieurs. Avec de la volonté, tu te feras toujours respecter ! Si tu es un garçon, tu peux avoir envie d'exercer un beau métier étiqueté « féminin » : maître d'école, « sage-femme » (le masculin n'existe pas !), danseur comme Josua Hoffalt, etc. Et pourquoi pas ?

Tadaam !
?
?!
HU HU HU
?
HAHAHA HAHAHA
Allons Julie... Moi, je pourrais être docteur !
Ou bien moi...
Mais toi, je te verrais plutôt en infirmière...
Car tu n'es...
... qu'une fille !
OUTCH
PAF
AÏE
HÉ!
BIM
BOUM
... et surtout, beaucoup de repos !
Merci, Docteur...

ET MOI, QU'EST-CE QUE JE FERAI PLUS TARD ?

Depuis qu'elle est toute petite, Julie pense au métier qu'elle exercera. Tour à tour, elle rêve de devenir libraire comme sa chère Jeanne, pirate comme le fascinant Robert ; aujourd'hui, elle a en tête la profession de médecin. Comme elle, tu rêves peut-être à plein de métiers différents. C'est d'autant plus formidable que… tu auras le temps de changer de nombreuses fois d'avis ! En attendant, n'hésite pas à te renseigner sur le métier des adultes qui t'entourent. Fais preuve de curiosité, demande-leur de te raconter ce qu'ils font et pourquoi ils aiment le faire. C'est la meilleure façon de découvrir le métier que tu choisiras un jour pour de bon !

VOCABULAIRE

Il faut savoir bousculer les **STÉRÉOTYPES**, ou **CLICHÉS**, ou **IDÉES PRÉCONÇUES**, les traditions qu'on entretient sans réfléchir. Un homme peut être **COMPÉTENT**, habile et efficace, dans un métier « féminin », et vice versa.

Les **FÉMINISTES** luttent contre les **MACHISTES**, les hommes qui se croient supérieurs. Elles ont raison, hommes et femmes sont **ÉGAUX**. Cela ne veut pas dire qu'ils sont **PAREILS**. Il y a plein de différences entre un homme et une femme, et tant mieux !

HISTOIRE

TU NE SERAS PAS UN ARTISTE, MON FILS !

Dans la famille Elliot, on est mineur de père en fils : on travaille dans les galeries de charbon d'Irlande. C'est un métier éprouvant pour gens costauds ; un métier pour les hommes, les vrais !

Et voilà qu'un jour, dans cette famille d'hommes rudes, le petit Billy se découvre une drôle de passion. Un professeur de danse (une femme) lui révèle qu'il a du talent : en travaillant, il pourrait devenir un danseur étoile. Seulement, le père de Billy entre dans une colère effroyable : la danse est réservée aux filles ! Pas question que son fils s'engage dans cette voie : qu'il continue plutôt la boxe !

Il va falloir à Billy une volonté de fer pour convaincre sa famille que la danse peut aussi convenir aux garçons. Si tu veux savoir comment il s'y prend, regarde le DVD du film *Billy Elliot*. Cette belle histoire montre que les garçons aussi doivent parfois combattre des préjugés pour choisir le métier de leur rêve.

Faut-il des chefs ?

Personne n'a envie d'être commandé par quelqu'un d'autre… Pourtant, on a parfois besoin d'une personne pour organiser, décider. Dans ce cas, tu es peut-être comme Émilien : tu préférerais que ce soit toi le grand sachem. Pourtant, un chef ne fait pas tout ce qu'il veut…

PETITS CHEFS, MOYENS CHEFS, GRANDS CHEFS

Il y a des chefs à tous les niveaux de la société. Toi, dans ta bande d'amis, tu as peut-être un chef… Dans le monde des adultes, il y en a partout ! Le chef d'entreprise dirige les travailleurs, le chef de l'état dirige le pays, le chef d'orchestre dirige les musiciens, le « chef » tout court dirige la cuisine du restaurant, etc. Dans la vie, tout le monde obéit à un chef !

À BAS LES CHEFS !

Parfois, on en a assez de se soumettre aux ordres. On a envie de se révolter pour se sentir libre. Et puis certains chefs ont tendance à abuser de leur pouvoir : ils prétendent tout décider à la place des autres. Dans l'histoire, il y a toujours eu des révoltes pour chasser les maîtres, parfois pour les tuer. Néanmoins il y a toujours eu de nouveaux chefs pour remplacer les anciens !

SANS CHEF, CE SERAIT LA FOIRE

Si on essayait de se passer de chef, ce ne serait pas la liberté, mais le bazar… En revanche, c'est important de pouvoir choisir de bons chefs. C'est important aussi qu'ils ne cherchent pas à commander seuls : les meilleurs chefs sont toujours ceux qui savent s'entourer de gens compétents et intelligents.

Bona', tu prends les soldats bleus et Julie et moi on...
Commence pas à faire ton chef, Émilien !
C'est vrai, y'en a marre, tu veux toujours nous commander !
Pourquoi ça serait encore toi le chef ?
Parce que je suis le plus fort !
Ben aujourd'hui, c'est moi le chef !
Non, moi !
Non, c'est moi !
Moi !
Non, Moi !
Moi!
NON!
Si!
NON MAIS HO, C'EST FINI CE BAZAR ?!
Rangez-moi cette chambre ! Et en silence !!!
Pff, de toute façon, quand je serai grand, ce sera moi le chef !

ÊTRE COMMANDANT, C'EST EXIGEANT

Robert a longtemps commandé son navire de pirates…

– Ça doit être confortable d'être le chef ! soupire Émilien avec envie. Tu peux ordonner n'importe quoi aux pirates, ils t'obéissent, et ils te donnent tout le butin qu'ils ramassent !

Robert éclate de rire.

– Si je m'étais conduit comme ça, mon équipage m'aurait jeté par-dessus bord ! Non, moussaillon. Pour être un bon commandant, il faut d'abord être chef… de toi-même. Il faut maîtriser tes colères et tes caprices, et apprendre à être juste envers tous les pirates, même ceux que tu aimes le moins. Il faut respecter tous les matelots : c'est comme cela qu'eux te respecteront ! Et il faut vouloir leur bien autant que le tien : ainsi tu te fais aimer…

VOCABULAIRE

Les individus qui ne veulent aucun chef s'appellent les **ANARCHISTES**. Les chefs qui veulent tout diriger seuls sont des **DICTATEURS** ou des **TYRANS**. En ancien français, le mot chef voulait dire tête (le chef est à la tête des autres hommes). Il y a encore des expressions qui portent la trace de cette origine. Un **COUVRE-CHEF** est un chapeau, un **CHEF-D'ŒUVRE** est la plus belle des œuvres d'un artiste (une œuvre qui est à la tête de toutes les autres). **OPINER DU CHEF**, c'est dire oui d'un signe de tête !

HISTOIRE

LES GRANDS CHEFS NE SONT PAS FORCÉMENT DES GROS DURS

Au début du XXe siècle, l'Inde appartient à l'Angleterre. Beaucoup d'Indiens rêvent que leur pays retrouve son indépendance. Malheureusement les habitants de l'Inde ne parlent pas la même langue d'une région à l'autre, ils n'ont pas la même culture ni la même religion. Ils sont donc divisés et les Anglais restent les plus forts.

Et voilà qu'un chef apparaît à la tête des Indiens. Il se nomme Gandhi, il est avocat. Quand on pense à un chef, on imagine un homme fort et imposant. Gandhi est petit, maigre et modeste ! L'air de rien, ce petit homme réussit l'incroyable : il rassemble tout le grand peuple indien. Il a pour seule méthode la « non-violence » : il faut désobéir aux Anglais mais toujours pacifiquement. En 1947, les Anglais devront quitter l'Inde, chassés par les méthodes douces de ce grand chef !

Pourquoi vote-t-on ?

Puisqu'il faut des chefs, le mieux est encore de pouvoir les choisir… C'est la raison pour laquelle on organise des élections. Même si celui qu'on préfère ne gagne pas toujours, c'est aussi une façon de faire entendre ses idées. Tu as peut-être déjà eu l'occasion de voter, pour les délégués de classe…

POUR SE FAIRE ENTENDRE

Le vote permet à chacun de donner son avis. C'est le meilleur système qu'on ait inventé pour écouter la voix de chaque personne, même dans les pays qui comptent des dizaines de millions d'habitants. Quand il faut choisir des chefs ou prendre des décisions importantes, les citoyens sont convoqués à des élections. À la fin, on compte le nombre de réponses pour tel candidat ou telle idée. C'est la majorité qui gagne !

PARCE QU'ON EST TOUS CONCERNÉS

Le vote est une chance qui n'est pas offerte à tout le monde. Dans de nombreux pays, les gens n'ont pas leur mot à dire. Beaucoup se battent pour obtenir cette liberté d'expression. Il est d'autant plus important de prendre le droit de vote au sérieux. En France, à chaque élection, un certain nombre de gens ne se donnent pas la peine de voter. C'est dommage. Le vote est un droit, mais aussi un devoir. Nous sommes tous concernés par la vie de notre ville, de notre région, de notre pays…

POUR FAIRE AVANCER LES CHOSES

Les élections sont l'occasion d'organiser des débats. Chaque candidat essaie de convaincre les électeurs ; il doit trouver de bonnes idées pour construire l'avenir. Bref, il fait campagne, comme Julie ! S'il n'y avait pas d'élections, le gouvernement pourrait s'endormir ; il n'y aurait jamais de changement dans la vie politique. C'est pour cela que le vote est essentiel. Il oblige les responsables à faire des efforts constants pour améliorer la vie des citoyens.

Hé, les copains, on va se faire un foot ?
Bof ! Si on allait plutôt se baigner au lac ?
Non, on va jouer à la console !
Alleeez... Un foot !
Non, le lac !
La console !
FOOT! CONSOLE! LAC!
FOOOT!!!
CONSOLE!
Au fait ...
... je vous ai dit que ma mère m'a acheté un nouveau maillot de bain ?
Subtile campagne électorale, Julie !

QUAND EST-CE QUE JE POURRAI VOTER ?

Pour participer aux élections qui désignent le maire, les députés ou le président de la République, tu devras attendre la majorité. Tu es majeur quand la société estime que tu peux prendre ta vie en main, avoir tes propres idées, tes opinions. Bien sûr, cela n'arrive pas à un moment précis, mais comme il fallait bien définir un âge pour la majorité, on l'a fixé à 18 ans. Cela dit, tes premières aventures d'électeur auront lieu avant. Au collège, les élèves d'une classe élisent déjà des délégués pour les représenter auprès des professeurs. Tu pourras donc voter bientôt… et même être candidat !

VOCABULAIRE

La **DÉMOCRATIE** est un système politique qui donne le pouvoir au peuple en lui permettant de choisir ses chefs. Au contraire, dans une **DICTATURE**, un seul est le chef et il décide tout, tout seul. On vote dans un **ISOLOIR**, une cabine fermée, pour garantir le secret du vote. On glisse dans une enveloppe **UN BULLETIN DE VOTE**, un papier qui porte le nom du candidat choisi (ou une liste). On dépose cette enveloppe dans une **URNE**, une grande boîte. D'où l'expression **ÊTRE CONVOQUÉ AUX URNES**, être invité à voter.

HISTOIRE

PETITE HISTOIRE DU VOTE

La démocratie n'a pas été inventée hier. Dans l'Antiquité, les Grecs votaient pour choisir leurs chefs. Comme le pays se réduisait à une cité, c'était plus facile d'organiser un scrutin parce qu'il y avait peu d'électeurs (de plus, les femmes et les esclaves ne votaient pas). Tous les citoyens se réunissaient sur l'agora, la grande place de la ville où avait lieu l'élection.

Et depuis ? À part la Suisse qui est une démocratie depuis le Moyen Âge, les peuples d'Europe ont mis du temps à obtenir le droit de vote. En France, il a fallu attendre le XIXe siècle. Et encore ! Au début, seuls les gens riches pouvaient voter : on appelait cela le « suffrage censitaire », il fallait payer un impôt important pour être électeur. Le « suffrage universel », le droit de vote pour tous, a été mis en place en 1848, aboli, rétabli au gré des révolutions. De toute façon, il n'était pas encore vraiment universel… car ce n'est qu'en 1945 que les femmes ont obtenu le droit de vote !

Pourquoi parfois on trouve que « c'est pas juste » ?

Combien de fois dans une journée ne penses-tu pas, comme Émilien, Bonaventure ou Julie que « c'est pas juste » ? On a souvent l'impression qu'il y a des injustices partout, à la maison, à l'école, dans le monde ; parfois on dit : « c'est pas juste ! » simplement parce qu'on n'est pas d'accord ; ou bien quand le partage est trop mal fait et que ce n'est pas la même règle pour tous.

INJUSTE OU ENNUYEUX ?

Souvent, comme Julie et ses amis, on utilise le mot « injuste » à tort et à travers, pour parler de choses seulement contrariantes. Avoir une mauvaise note, être nul en gym, mettre le couvert, ce n'est pas injuste, c'est seulement… embêtant ! D'ailleurs, ces situations faussement injustes sont souvent faciles à corriger. Si Émilien travaille, si Bonaventure s'entraîne en sport, si Julie propose son aide à sa mère, tout ira mieux !

LES DIFFÉRENCES NE SONT PAS DES INJUSTICES

Dans la vie, on n'a pas tous les mêmes dons. Il y a des gens meilleurs en maths ou en dessin, des gens plus intelligents ou plus généreux que d'autres. Ces différences font partie des richesses de la vie. On ne pourra jamais rendre tout le monde pareil. Avoir des talents différents n'empêche pas d'être amis… regarde Émilien, Bonaventure et Julie !

LES INJUSTICES, LES VRAIES

Il vaut mieux réserver le mot « injuste » à des situations graves. C'est injuste de se faire punir à la place d'un autre. Injuste que des enfants meurent de faim dans le monde. Injuste que certains vivent dans l'abondance alors que d'autres n'ont rien. Contre ces injustices, tu peux te battre pour rendre le monde meilleur.

C'est pas juste !
4/10
9/10
C'est pas juste !
C'est pas juste !
?
Pour toi c'est facile, tu es bonne en tout !
Toi Julie, tu es parfaite !
Maman, je suis parfaite !
Eh bien, va mettre le couvert parfaitement !
C'est pas juste !

COMMENT LUTTER CONTRE L'INJUSTICE ?

Quand on est victime d'une injustice, on a envie de se rebeller. C'est normal ! Cependant il vaut mieux tenter le dialogue d'abord. La violence arrange rarement les choses.

Malheureusement, on n'arrive pas toujours à obtenir la justice ainsi, parce que la personne en face a décidé… d'être injuste. Il faut essayer d'autres moyens : la colère, la révolte, ou la résistance pacifique…

Il y a des héros qui travaillent pour rendre le monde plus juste : ils sauvent des enfants de la famine, ils luttent pour libérer des hommes injustement emprisonnés, etc. Toi aussi, tu peux contribuer à la justice tout près de toi, par exemple en prenant la défense du nouveau dont toute la classe se moque.

« Quand j'étais chef de pirates, dit Robert, je me trouvais **ÉQUITABLE**, juste : je partageais le butin à parts égales entre mes hommes. Un jour pourtant, le chef d'un navire capturé m'a dit que j'étais **INIQUE**, injuste, parce que je l'avais **MIS SUR LA PAILLE**, je ne lui avais rien laissé pour vivre. La **REDISTRIBUTION DES RICHESSES**, c'est bien. Toutefois il faut en laisser aux riches, sinon ils deviennent pauvres à leur tour ! Par la suite, j'ai toujours partagé le trésor entre mon équipage… et l'équipage vaincu ! »

VOCABULAIRE

HISTOIRE

L'EXÉCUTION DU CHEVALIER DE LA BARRE, UNE CÉLÈBRE « ERREUR JUDICIAIRE »

En 1769, au nord de la France, un crucifix est retrouvé tailladé. À cette époque, les insultes contre Dieu sont considérées comme un crime. Tout le monde est en émoi. Il faut trouver le coupable de ce blasphème ! Personne n'a rien vu ; pourtant un homme est soupçonné. C'est le chevalier de La Barre, un garçon de 19 ans parfois moqueur envers la religion. À la dernière fête, il n'a pas ôté son chapeau au passage des prêtres et en plus, il a fredonné des chansons irrespectueuses ! Sans preuve, il est accusé d'avoir abîmé le crucifix. Il a beau jurer qu'il était ailleurs ce jour-là, un tribunal le condamne à être torturé et décapité. Le philosophe Voltaire (1694-1778) a vivement dénoncé cette affaire. Il l'a prise comme exemple pour critiquer l'horreur de la torture et les scandales de la « justice ». Toutefois il n'a pas réussi à réhabiliter le chevalier de La Barre, à faire reconnaître son innocence.

Est-ce qu'on sait toujours ce qui est bien et ce qui est mal ?

Il y a des choses qui sont interdites, et d'autres qui sont permises… Pour autant, personne ne peut décider à ta place ce que tu trouves bien ou mal. C'est à toi de réfléchir, et ton avis peut changer selon les moments, selon les lieux, selon les amis… Attention : ce qui est bien n'est pas forcément ce dont on a envie.

BAGARRE DANS TA TÊTE

Souvent, comme Julie, tu sais ce qui est bien ou mal. Il y a dans ta tête comme un petit diable et un petit ange qui essaient de te convaincre : « Fais ci ! Fais ça ! » Tu n'écoutes pas toujours l'ange… les conseils du diablotin te font davantage plaisir ! Alors, tu t'inventes des excuses : « Ce n'est pas si mal que ça, ce que je fais. L'essentiel est de ne pas me faire prendre ! » N'empêche que l'angelot reste au fond de ta tête. Il est fâché et tu le sais.

TOUT N'EST PAS TOUJOURS CLAIR

La vie serait facile s'il y avait un ange et un diable pour chaque décision à prendre. Ce n'est pas toujours le cas. Par exemple : voler quelqu'un, c'est mal, mais si on le fait pour nourrir ses enfants, est-ce que c'est mal ? Le bien et le mal ne sont pas les mêmes pour tout le monde et dans toutes les circonstances. Se poser des questions, réfléchir avant de faire quelque chose, c'est déjà bien.

ET SI ON ME FAISAIT LA MÊME CHOSE ?

Quand tu n'arrives pas à savoir ce qui est bien et ce qui est mal, pose-toi une question qui t'aidera souvent à choisir : « Est-ce que j'aimerais qu'on me fasse la même chose ? » Et alors, tu n'écouteras pas forcément la petite voix démoniaque qui te tente bien…

Je ramasse les copies dans une heure !
Scritch scritch
?!
Hé hé hé
Mais... Émilien ? Tu... Tu triches !!! Qu'est-ce qu'il te prend ?!
?
C'est très mal et injuste pour ceux qui ont révisé !
C'est honteux !
...
Et sinon... euh...
C'est quoi, la réponse 2 ?

POURQUOI Y A-T-IL DES MÉCHANTS (DES VRAIS) ?

Il y a des gens dont on se demande s'ils savent être gentils ! Dans l'Histoire, de nombreux personnages sont tristement célèbres pour leur cruauté (Hitler par exemple, l'homme qui a déclenché la Seconde Guerre mondiale et qui a fait éliminer des millions de Juifs).

Comment expliquer la vraie méchanceté ? Certains « méchants » ont souffert dans leur passé : ils n'ont pas été aimés dans leur enfance, il leur est arrivé de grands malheurs, etc., alors ils se vengent sur tout le monde. D'autres sont des fous, des malades dans leur tête. Il existe aussi des fanatiques qui ont construit leur vie sur des idées terribles (par exemple, ils croient être les seuls au monde à avoir raison, ceux qui pensent autrement sont selon eux des minables bons à écraser).

VOCABULAIRE

La société a tracé des limites qui aident à reconnaître le bien et le mal : l'honnêteté c'est bien, la violence c'est mal, etc. L'ensemble de ces règles s'appelle la **MORALE**. Décider entre le bien et le mal reste parfois un **DILEMME**, un choix douloureux. En effet, il ne faut pas être **MANICHÉEN** (prononcer *mani-qué-un*), croire qu'il y a un bien et un mal partout. Pour choisir, on a tous une **CONSCIENCE**, une voix dans la tête qui souffle : « c'est bien » ou « c'est mal » mais parfois on ne l'entend pas très bien !

HISTOIRE

UN CHOIX TERRIBLE

Il était une fois un garçon à qui ses parents avaient appris une règle d'or. « Il faut savoir obéir ! » disaient-ils. Le petit garçon était d'accord, parce qu'ils lui demandaient toujours des choses justes. Bien sûr, il avait parfois envie de faire des bêtises ; mais il savait que l'obéissance le faisait grandir.

Quelques années plus tard, le jeune homme devient serviteur du roi. Il jure fidélité au roi et à la reine, il se promet de les servir de son mieux. Un jour, la reine fait venir le serviteur. « Prends ce poignard et ce coffret. Emmène Blanche-Neige dans la forêt, tue-la et rapporte-moi son cœur ! »

Sur le chemin, le serviteur vit les pires moments de son existence. Doit-il obéir à sa maîtresse ? S'il désobéit, il trahira sa promesse de fidélité. S'il obéit, il sera complice de la mort d'une innocente. Finalement, le serviteur supplie Blanche-Neige de s'enfuir. Il tue une biche et rapporte son cœur dans le coffret… A-t-il bien ou mal agi ?

Pourquoi faut-il défendre les assassins ?

On n'est jamais sûr de savoir qui est l'auteur d'un crime, et c'est la justice qui doit le découvrir. Et puis, même si un individu est coupable, il a le droit d'expliquer pourquoi ou comment il a commis un acte aussi grave.

L'innocence jusqu'à preuve du contraire

À la base de la justice, il y a un principe qui s'appelle la « présomption d'innocence ». Tant qu'on n'a pas de preuves pour condamner une personne, on la considère encore comme innocente. Quand une personne est soupçonnée, c'est à la justice de prouver qu'elle est vraiment coupable. L'accusé a droit à un avocat pour le défendre et affirmer son innocence.

Pour adoucir la peine

Parfois les preuves sont là : l'accusé est un assassin. Est-ce que son avocat va se détourner de ce « monstre », comme Bonaventure ? Non. Même quand il est coupable, un homme a le droit d'être défendu. Son avocat essaie d'adoucir la sentence portée contre lui. Par exemple, il évoque son passé malheureux, ses fragilités mentales. Ce sont des « circonstances atténuantes », des révélations qui méritent une certaine clémence des juges.

La différence entre punir et se venger

Le rôle de la justice consiste à punir sans se venger. C'est important de punir un crime. D'abord pour les victimes, qui voient leur souffrance reconnue, mais aussi pour le criminel. Il va faire des années de prison : c'est une manière de payer pour retrouver le droit de vivre parmi les hommes. Cette punition n'est pas une vengeance. Les avocats des assassins sont là pour que l'on punisse sans haine et sans aveuglement.

M. Émilien, vous êtes accusé de multiples crimes...
Vous risquez la prison à vie. M. Bonaventure assurera votre défense !
Tout à fait, oui !
Hem, Hem...
Votre client a triché à un contrôle de mathématiques !
Oui, mais c'était un contrôle surprise !
Il a tiré la queue de Titan, le chien de son voisin !
Chien qui terrorise le quartier !
Il a aussi menti à sa grand-mère !!!
On voit bien que vous ne la connaissez pas !
Car si
Mme le Juge, j'ai également mangé le goûter de M. Bonaventure...
Mangé le g... ?
ASSASSIN !!! CRIMINEL !!! TERRORISTE !!!

L'HOMME EST PLUS GRAND QUE SA FAUTE

Jeanne raconte *Les Misérables*. Dans ce livre de Victor Hugo, le héros, Jean Valjean, a passé des années au bagne pour avoir volé du pain…

– Durs, les juges du XIXe siècle ! murmure Émilien.

– Dire qu'aujourd'hui, les assassins ne sont pas exécutés, ajoute Bonaventure. Il paraît même qu'ils peuvent espérer sortir de prison. Pourquoi ?

– Parce que la justice a fait des progrès. Elle souhaite donner au pire des criminels une chance de changer, explique Jeanne.

– Mais s'il recommence ?

– C'est une question importante, en effet ! Quand un homme sort de prison, des policiers et des médecins accompagnent son retour dans la société. On le surveille par précaution. C'est toujours mieux que de l'exécuter par précaution, non ?

La police **SOUPÇONNE** une personne d'avoir commis un crime, elle le croit coupable. Ces soupçons ne sont pas des preuves. Il faut une **ENQUÊTE**, des recherches, pour prouver la **CULPABILITÉ** de cette personne, établir qu'elle est l'auteur du crime. S'il n'y a pas de preuves, l'**INCULPÉ**, l'accusé, obtient un **NON-LIEU** : la justice le laisse libre. Si au contraire il est coupable d'un crime très grave, l'accusé peut recevoir une peine de prison **À PERPÉTUITÉ**, pour la vie.

VOCABULAIRE

HISTOIRE

ROBERT BADINTER, LA PEINE DE MORT ABOLIE EN FRANCE

En 1972, deux hommes, Buffet et Bontemps, sont condamnés à mort. À l'issue de leur procès, la foule hurle sa joie : « À mort les assassins ! » L'un de leurs avocats s'appelle Robert Badinter. Il est effondré. Comment peut-on se réjouir d'une exécution ? Désormais, l'abolition de la peine de mort devient son grand combat. En 1976, il réussit à sauver Patrick Henry de la guillotine : cet homme, qui a tué un petit garçon, est condamné à perpétuité. Pourtant, la majorité des Français reste favorable à la peine de mort : Badinter est détesté par beaucoup de gens, et reçoit même des menaces. Mais rien ne l'arrête ! Il s'exprime à la radio, à la télévision, dans les journaux, pour convaincre les Français qu'une exécution ne dissuade pas d'autres assassins d'agir : la peine de mort est une vengeance inutile. L'avocat ajoute qu'il faut donner une chance aux criminels de changer de vie. Son combat est difficile, mais en 1981, il est nommé ministre de la Justice et il fait abolir la peine de mort.

Est-ce qu'on a le droit de se venger ?

Quand on nous a fait du mal, on a très envie de se venger, et de faire la justice soi-même, de rendre les coups qu'on a reçus. Si tu le fais, tu risques éventuellement de punir… un innocent, ou de faire payer trop cher le coupable. Et puis, si à son tour, il se venge, quand est-ce que ça s'arrête ?

ILS SONT FOUS CES PIRATES !

Un camarade t'envoie un coup de pied. Aussitôt, tu sens ta jambe qui te démange… Vlan ! avant que tu aies eu le temps de réfléchir, elle est partie shooter dans le tibia de ton agresseur ! L'envie de vengeance est une réaction normale pour exprimer ta colère.

ARRÊTEZ-LES !

Le problème, c'est que la vengeance appelle la vengeance. Tu as botté les fesses de ton « copain » pour lui montrer que tu sais te défendre. Le voilà furieux de ta réaction… et il te donne un autre coup. Quand est-ce que la vengeance va s'arrêter ? Quand vous serez tous les deux K.-O. à l'infirmerie, couverts de bleus et de bosses ?

LA VENGEANCE N'EST JAMAIS LA JUSTICE

Dans toutes les situations où une personne fait du mal à une autre, la justice veut que l'agresseur soit puni et que sa faute soit réparée. « En revanche », si la victime essaie de se venger elle-même, elle se rend prisonnière d'une violence toujours plus grande. C'est important de faire confiance à une personne extérieure pour régler les conflits. Voilà pourquoi la police et les juges existent ! Ils appliquent la loi pour évaluer les torts des uns et des autres, et leur décision finale n'est pas une vengeance.

Hi hi hi hi !
CROA?
Hé hé hé !
Niark niark niark !
?!
Pchhhhh
Grrrr !!!
Mais en fait, Émilien... Pourquoi est-ce que vous vous disputez, au départ ?
Je ne sais plus... Mais elle va le payer !!!

LE PARDON

On peut répondre à la violence par la vengeance. On peut aussi y répondre par… le pardon ! C'est beaucoup plus difficile. D'abord, on a parfois peur d'être traité de lâche si on ne rend pas le coup qu'on a reçu. Le pardon peut ressembler à une faiblesse, puisqu'on n'entre pas dans la bagarre… alors que c'est tout le contraire. Le pardon est la plus grande preuve de courage possible, parce qu'il faut faire un gros travail sur soi-même, dominer sa colère et sa tristesse pour pouvoir pardonner. Quand on a réussi, on se sent fort et on retrouve la paix mieux que si on était tombé dans le piège de la vengeance.

VOCABULAIRE

Quand une personne t'a **OFFENSÉ(E)**, fait du mal, tu éprouves de la **RANCŒUR**, tu lui en veux. Parfois, la vengeance est **INSTINCTIVE**, c'est un geste qu'on fait immédiatement sans réfléchir. Elle est aussi **UN PLAT QUI SE MANGE FROID** : cette expression veut dire que la vengeance est encore plus terrible quand on prend le temps de la préparer au lieu de l'exécuter **À CHAUD**, sous le coup de l'émotion.

HISTOIRE

QUAND UNE VENGEANCE SE TERMINE PAR UN MARIAGE

Un jeune noble espagnol, Rodrigue, est amoureux de la belle Chimène. Elle l'aime aussi.

Seulement le père de Chimène, un jour de mauvaise humeur, donne une gifle au père de Rodrigue. Fou de colère, ce dernier voudrait provoquer son agresseur en duel : à cette époque, on se bat à l'épée pour se venger d'une insulte ; mais il se sent trop vieux pour combattre. Il va trouver son fils et lui ordonne de prendre sa place pour sauver l'honneur de la famille. C'est ainsi que Rodrigue, contre son gré, tue le père de Chimène.

La jeune fille, désespérée, doit devenir l'ennemie de son amoureux pour venger son père ! Elle ne veut plus le voir. Rodrigue lui apporte son épée pour qu'elle le tue. C'est alors qu'ils se rendent compte que la vengeance est une chose absurde, surtout quand on s'aime… et ils décident de se marier. Cette histoire est racontée au XVIIe siècle par Pierre Corneille dans une pièce de théâtre, *Le Cid*.

C'est quoi « les droits de l'Homme » ?

Être un homme, une femme, un enfant, c'est important ! Nous appartenons tous à la même grande famille, l'humanité. Et pour cette raison, chacun d'entre nous a le droit d'être libre, de pouvoir choisir sa vie et ses idées, de pouvoir les exprimer tout haut, de ne pas subir la violence, la pauvreté...

TOUS ÉGAUX, TOUS RESPECTABLES

1948. Le monde sort d'une guerre où des millions de gens ont été assassinés sous prétexte qu'ils n'étaient pas des hommes, mais des « sous-hommes ». Beaucoup de pays veulent éviter que ce cauchemar se reproduise. Ils signent ensemble la charte des Droits de l'homme, inspirée de la déclaration des Droits de l'homme écrite en 1789 pendant la Révolution française. Ce texte affirme que tous les êtres humains, sans distinction de sexe, de race, de religion, ou de richesse, ont la même valeur. Il faut protéger leur dignité à tout prix.

DROITS SANS FRONTIÈRES ?

La charte des Droits de l'homme est déclarée « universelle », valable partout dans le monde. Le problème, c'est qu'il y a des pays qui ne l'ont pas signée. Certains régimes y sont opposés : les dirigeants n'hésitent pas à violer les droits de l'homme pour consolider leur pouvoir. Ils envoient leurs opposants en prison, les torturent ou les exécutent, ils éliminent des minorités raciales ou religieuses, ils « oublient » de venir en aide aux gens qui meurent de faim...

QU'EST-CE QU'ON PEUT FAIRE, NOUS ?

Les droits de l'homme, qui semblent si naturels, sont loin d'être respectés partout et acquis pour toujours. Les faire respecter n'est pas seulement l'affaire des gouvernements, mais celle de tout le monde. Il faut rester vigilant : s'informer et parfois ne pas hésiter à s'engager dans des associations pour mieux les défendre.

Mon père vient d'un pays dirigé par un tyran...
Là-bas, les droits de l'Homme ne sont pas respectés !
Comment ça ?
Ben par exemple, il est interdit d'exprimer ses opinions...
Les habitants sont envoyés en prison et torturés si ils disent du mal du chef de l'État !!!
Ils n'ont plus aucune liberté !!!
Je me demande bien à quoi il ressemble, ce tyran...
Bonaventure, Émilien ! Vous me copierez 50 fois « Je ne dois pas discuter en classe » pour demain !!!
Il doit sûrement ressembler à la maîtresse !!!
Pff... C'est clair !

L'OPINION PUBLIQUE INTERNATIONALE

Bonaventure a vu un reportage sur la Chine, où les tortures et les exécutions sont courantes.

– Je n'ai aucun moyen d'agir contre cela, moi ! soupire-t-il devant Jeanne.

– Si ! Comme tes parents, comme Robert et moi, comme Julie et Émilien, tu fais partie de l'« opinion publique internationale ».

L'opinion publique est ce que la majorité du monde pense sur un sujet. Elle est très puissante puisqu'elle rassemble des millions de personnes. Elle influence les gouvernements et peut les faire plier. Si l'opinion publique, à commencer par toi et moi, est contre les tortures en Chine, elle finira par forcer les dirigeants chinois à respecter davantage les droits de l'homme. Aucun gouvernement n'a intérêt à se faire détester du monde entier.

VOCABULAIRE

Les droits de **L'HOMME** ne sont pas réservés aux hommes mais aussi aux femmes et aux enfants : ce sont, en fait, les droits de l'être humain. Tout homme a une **DIGNITÉ**, il mérite le respect. Certains pays sont montrés du doigt parce qu'ils **BAFOUENT** les droits de l'homme, ils les violent. Ils prennent des décisions **ARBITRAIRES**, qui ne respectent pas la justice mais qui arrangent les dirigeants.

HISTOIRE

UNE FEMME COURAGEUSE CONTRE DES DICTATEURS

De 1962 à 2011, une « junte », une dictature de militaires, a gouverné la Birmanie d'une main de fer.

En 1988, une femme a commencé à faire parler d'elle. Elle s'appelle Aung San Suu Kyi. Son père était un héros qui a obtenu l'indépendance de la Birmanie, autrefois colonie anglaise. Suu Kyi a mené un nouveau combat. Elle réclamait la démocratie. Elle parcourait le pays, acclamée par des millions de gens : « La démocratie fait partie des droits de l'homme, demandez-la avec moi ! ». Seulement, pour la junte, les droits de l'homme n'existent pas. En 1990, lors d'une élection, Aung San Suu Kyi remporta une majorité écrasante. Les militaires annulèrent aussitôt l'élection ! San Suu Kyi a passé plus de 15 ans en résidence surveillée, même si les dictateurs n'osaient pas la maltraiter parce qu'elle était trop célèbre. Elle est devenue un symbole international de la lutte pour les droits de l'homme.

Pourquoi on ne peut pas acheter tout ce qu'on veut ?

Gâteaux, bonbons, jeux, comme Bonaventure tu as envie de beaucoup de choses. Souvent, tu réussis à persuader tes parents de te les acheter. Quand ils te disent « non », ce n'est pas pour t'embêter mais pour te faire comprendre qu'on ne peut pas tout acheter tout de suite et que c'est même bien parfois d'attendre...

TOUJOURS PLUS

Quand tu es invité chez tes amis, tu découvres des jeux que tu n'as pas. Ils te semblent plus fascinants que les tiens, et tu rêverais de les avoir. C'est normal de vouloir sans cesse acheter des nouvelles choses, parce que les nouveautés font toujours plaisir. Pourtant si tu pouvais acheter tous les jeux que tu désires, tu t'en lasserais vite. Tu passerais d'un plaisir à l'autre sans vraiment en profiter !

LEQUEL PRÉFÈRES-TU ?

Si tes parents t'emmènent dans un magasin de jouets, c'est le bonheur. Puisque tu ne peux pas acheter toute la vitrine, il faut te raisonner ! Obligé de choisir entre plusieurs choses, tu te rends compte de l'intérêt de chacune. Les jeux que tu n'as pas pu emporter, tu vas en rêver, et ainsi les désirer davantage. Si tu les reçois au prochain Noël, tu en profiteras mille fois plus. Il est bon d'attendre et d'espérer !

DANS LA VIE, TOUT NE S'ACHÈTE PAS

Certains de tes rêves n'ont pas de prix parce qu'aucun magasin ne les vend. Les amis ne se trouvent pas dans des vitrines, ni les passions qui te font grandir, ni les projets d'avenir qui se dessinent dans ta tête. Ce sera toujours à toi de te donner du mal pour obtenir ces choses-là. C'est un défi formidable... bien plus intéressant que de se promener de boutique en boutique !

Voilà, ça fera
12 €, mon grand !
Tu désires
autre chose ?
Euh
...
Oui... Donnez-moi aussi
8 €, s'il vous plaît !

COMMENT LES FABRICANTS DONNENT-ILS ENVIE DE TOUT ACHETER ?

Tu allumes la télé et tu tombes sur une pub qui présente un nouveau jeu. Elle en parle si bien que tu as une furieuse envie d'acheter cette merveille… La publicité est le premier « truc » que les fabricants utilisent pour attirer les clients, et cela marche aussi bien sur les adultes que sur toi ! Les emballages sont une deuxième astuce essentielle. Au supermarché, ton regard est attiré par la grande boîte de céréales pleine de couleurs « avec cadeau à l'intérieur ». C'est pour cela que les fabricants ne se concentrent pas seulement sur la qualité de leurs produits. Ils rivalisent d'imagination pour les rendre tentants. La présentation compte autant que le contenu.

VOCABULAIRE

Parfois on est **FRUSTRÉ**, fâché de ne pas pouvoir acheter plus. Parfois on est **BLASÉ**, on a acheté trop de choses et on s'ennuie ! Tu vis dans une **SOCIÉTÉ DE CONSOMMATION**, un monde où tu es encouragé à faire des achats. Il y a des gens **PRODIGUES** qui ne peuvent pas s'empêcher d'acheter, on dit aussi qu'ils ont les poches percées. D'autres sont **AVARES**, ils ne dépensent rien pour garder leur argent. Le mieux, c'est d'être un consommateur raisonnable !

HISTOIRE

POUR AVOIR TROP VOULU, ELLE AVAIT TOUT PERDU…

Brigitte rentre de l'école. Elle habite une petite maison au fond de la forêt, et le chemin est long. En route, elle s'assoit pour se reposer. Un petit diable surgit : « Demande-moi ce que tu veux, fillette. À chaque souhait, il te suffira de t'arracher un cheveu ». Grisée, Brigitte commence. « Je veux une robe de reine… un carrosse, des serviteurs, de l'or, des centaines de jouets, des chiens de race… La guérison de ma sœur handicapée… Des feux d'artifice, des chevaux, des bonbons, des gâteaux… » Et toutes ces choses apparaissent devant Brigitte éblouie. Soudain, paniquée, Brigitte se tâte le crâne. Elle n'a plus un seul cheveu. À cet instant, elle entend un rire moqueur. Le diable est parti… emportant tous les objets magiques. La fillette se met à pleurer. Une fée apparaît alors. « Petite Brigitte, tu n'as pas été raisonnable. Dans la vie, il ne faut pas être trop gourmande de possessions… mais parmi tes souhaits, tu en as fait un qui me plaît : la guérison de ta sœur. Je l'exauce, et te rends tes cheveux pour te récompenser d'avoir été généreuse ! »

Est-ce qu'un jour on pourra guérir toutes les maladies ?

Les médecins savent aujourd'hui soigner et guérir énormément de maladies… Grâce à la recherche médicale, ils vont continuer de faire des progrès. Cependant certaines maladies sont encore sans médicaments, et d'autres apparaissent. Même si à notre époque on a la chance de vivre de plus en plus vieux, on ne sera jamais immortels !

QUAND LES MÉDECINS ÉTAIENT IMPUISSANTS

Autrefois, on pouvait voir des populations entières mourir d'une maladie contagieuse, comme la peste ou le choléra. La médecine ne pouvait rien faire contre ces maladies, car les remèdes n'existaient pas. Aujourd'hui, on n'a plus peur de ces épidémies-là. La science a trouvé le moyen de les guérir.

HALTE AUX MALADIES !

La médecine fait mieux que de guérir ces maladies mortelles : elle réussit à les « prévenir », à faire en sorte qu'elles n'apparaissent pas. Quand le médecin te fait un vaccin, il t'injecte un produit grâce auquel tu ne pourras jamais attraper telle ou telle maladie. La génétique est un autre moyen de prévention : on peut dépister un risque de maladie grave, et en luttant très tôt contre elle, on peut éviter qu'elle ne se développe.

CERTAINES MALADIES RESTENT MORTELLES

Toutefois Bonaventure a raison, même s'il le dit sur le ton de la blague : la science n'a pas encore trouvé tous les vaccins qu'il faudrait. Régulièrement, des maladies nouvelles apparaissent. La lutte de la science contre les maladies ne finira jamais : les savants ont toujours de nouveaux défis devant eux. Le sida, par exemple, n'existait pas avant le XXe siècle. Il tue des gens par millions dans le monde, et les efforts des chercheurs n'ont pas encore suffi à trouver un vaccin pour s'en défendre.

...
?!
Oh oh... Désolé, on dirait bien qu'il n'existe pas encore de remède...
... contre la peinture à l'huile !

SE FAIRE SOIGNER, C'EST EMBÊTANT

Tu n'aimes pas trop aller chez le médecin. Normal, personne ne bondit de joie à l'idée de subir un vaccin ou une prise de sang. Il suffit de penser que c'est pour éviter une maladie grave : on supporte mieux la piqûre ! Personne non plus n'aime aller à l'hôpital, même si c'est pour recevoir de meilleurs soins et guérir plus vite. Si cela doit t'arriver, dis-toi que l'hôpital est un petit ennui qui débouche sur un grand confort, celui de retrouver une bonne santé !

C'est dur d'être séparé de sa famille pour quelque temps, mais l'hôpital fait de gros efforts pour être accueillant. Il y a même des salles spéciales pour jouer, pour recevoir les parents et les amis.

Quand une maladie **CONTAGIEUSE** frappe des gens par milliers, on l'appelle une **ÉPIDÉMIE**. Aujourd'hui, certaines maladies sont éradiquées, la science les a fait disparaître grâce aux vaccins. Quand un enfant est malade, il va chez le **PÉDIATRE** : la **PÉDIATRIE** est la médecine spécialisée pour enfants. Certaines personnes souffrent de **MALADIES CHRONIQUES**, comme l'asthme et le diabète, dont on ne peut pas guérir, mais avec lesquelles on peut vivre presque normalement.

VOCABULAIRE

HISTOIRE

LOUIS PASTEUR ET LES PREMIERS VACCINS

Angleterre, 1796. Une paysanne malade consulte un médecin.

« Vous avez la variole », annonce-t-il gêné car la variole est une maladie souvent mortelle. Cela ne trouble pas la paysanne qui lui répond : « Impossible, Docteur. J'ai eu la vaccine ». La vaccine est une forme légère de la variole (elle porte ce nom car les vaches en sont parfois atteintes). Quand on a eu la vaccine, on ne risque plus la variole parce que le corps a appris à se défendre contre l'infection. Les paysans savent cela depuis toujours. Le docteur a alors une idée. Il prélève sur des vaches malades une substance qu'il injecte… à de courageux volontaires ! Ceux-ci attrapent une petite vaccine. Ils seront à jamais protégés contre la variole. Le premier vaccin est né ; ou plutôt, il a été redécouvert. Les Chinois, très forts en médecine, le pratiquaient déjà depuis 1500 ans ! Le savant français Louis Pasteur généralise cette découverte à partir de 1885 en inventant d'autres vaccins : contre la rage, le choléra, puis contre d'autres maladies.

Pourquoi est-on obligé d'aller à l'école ?

L'école, c'est surtout une chance ! Apprendre de nouvelles choses, grandir avec des enfants de ton âge, faire sans cesse des découvertes. Nos trois amis ont malgré tout raison d'adorer les vacances… Il est vrai que la classe, ce n'est pas toujours drôle, et il y a mille autres façons d'apprendre et de grandir.

QUAND L'ÉCOLE N'EST PAS OBLIGATOIRE

En France, depuis cent ans environ, l'école est obligatoire pour tous les enfants de 6 à 16 ans (mais beaucoup y vont dès 3 ans, et y restent bien au-delà de leurs 18 ans). Un cauchemar ? Tu crois ? Sais-tu que dans les pays pauvres, peu d'enfants vont régulièrement à l'école ? La plupart d'entre eux doivent travailler très jeunes, pour aider leurs parents à gagner de l'argent. C'est encore moins drôle.

LA CHANCE DE TA VIE

Bien sûr, il y a des jours où Julie, Émilien et Bonaventure rêveraient d'habiter un pays où l'école n'est pas obligatoire. Heureusement, Jeanne est là pour leur expliquer leur bonheur. « L'école, c'est la chance de votre vie ! Vous apprenez plein de choses qui vous font découvrir le monde et vous aident à le comprendre. Ces connaissances vous permettront de construire votre vie et de choisir un métier intéressant ! »

TOUS ENSEMBLE SUR LE MÊME BATEAU

Robert-le-Rouge a aussi son mot à dire sur le sujet. « À l'école, j'étais plutôt un cancre, mais je me suis fait de bons copains ! Croyez-moi, les enfants : il y a des matins où vous aimeriez rester sous la couette, mais on finit par s'ennuyer ferme dans son lit à ne rien faire. Jouer, apprendre, rire et même se faire gronder ensemble, c'est ça la vraie vie ! »

Apprendre à plonger du ponton...
Apprendre à lire !
Apprendre à dessiner !
DRiiiiiiiiNG!!!
Ecole
Dans le fond, il y a tout de même trois bonnes choses à l'école !
Lesquelles ?
Youhou !!!
Les mercredis, les week-ends et les vacances !

POURQUOI DOIT-ON FAIRE DES DEVOIRS À LA MAISON ?

Le soir, tu rapportes des devoirs à la maison… eux aussi sont obligatoires ! Ta maîtresse serait-elle un bourreau qui fait exprès de te gâcher ton temps libre ? Parfois, on pourrait le croire ! Pourtant, le travail à la maison est important parce que ce n'est pas possible de retenir toutes tes leçons d'un coup quand tu es en classe. Il faut surtout apprendre à travailler par toi-même, d'abord avec l'aide de tes parents, puis tout seul. Les devoirs t'aident à t'organiser ; ça te servira toute ta vie !

VOCABULAIRE

Il y a des pays où l'école est **FACULTATIVE**, elle n'est pas obligatoire. L'**INSTRUCTION**, l'apprentissage de la lecture, des maths, de l'histoire, etc., est une chance pour les enfants. C'est cela qui te donnera une bonne **CULTURE**, de solides connaissances : tu seras **CULTIVÉ**. Sans l'école, tu serais **ANALPHABÈTE**, tu ne saurais ni lire ni écrire.

HISTOIRE

CHARLEMAGNE, L'EMPEREUR QUI VOULAIT DES SUJETS INTELLIGENTS

Charlemagne, le roi des Francs, a déjà 30 ans lorsqu'il décide… d'entrer à l'école ! Pourtant, il gouverne avec intelligence. Il pense cependant que plus un roi est cultivé, plus il est digne de régner. En 786, il fait venir à sa cour un moine anglais qui est aussi un grand professeur. Ensemble, ils créent « l'école du palais », où l'empereur et son entourage viennent approfondir leurs connaissances. Charlemagne aspire à donner à tous ses sujets la chance d'une éducation. Dans son immense empire, il encourage chaque ville à créer une école à côté de l'église. À l'époque, les prêtres sont les seuls à savoir lire, écrire, compter : ils seront les meilleurs professeurs.

Le rêve de Charlemagne est long à réaliser. En France, il faudra attendre le XIXe siècle pour que l'école devienne obligatoire pour tous, grâce au ministre Jules Ferry.

À quoi servent les notes ?

Pour Émilien, les notes sont devenues un vrai cauchemar ! Quand il a travaillé, et que sa note est mauvaise, il trouve que « c'est pas juste ! ». C'est vrai que tu peux travailler et avoir de mauvaises notes. Mais les notes ne jugent pas directement le travail à la maison. Elles servent à vérifier que tu as bien compris les leçons.

COMME UN THERMOMÈTRE

Les notes sont importantes parce qu'elles servent de point de repère, pour l'instituteur, pour tes parents, pour toi. Elles sont comme un thermomètre qui permet de mesurer ta compréhension des leçons, ta mémoire, ta concentration, ton travail. Tu peux avoir travaillé et recevoir une mauvaise note… Ne crois pas pour autant que le thermomètre soit faussé !

MESURER LES PROGRÈS

Le problème des notes, c'est qu'elles mesurent surtout l'acquisition des connaissances. Elles disent si, oui ou non, les leçons qui t'ont été données sont enregistrées dans ta tête : quand tu les as comprises, tu es capable de les appliquer dans des exercices. Et puis, des notes qui partent d'en bas peuvent remonter, et ça, c'est ce qu'il y a de meilleur : quand les notes, comme un thermomètre qui monte, mesurent tes progrès !

SE COMPARER AUX AUTRES

Même si les notes sont un système imparfait, elles sont importantes. Imagine une école sans notes. Il faudrait être drôlement motivé pour travailler ! En tout cas Émilien, lui, se mettrait en vacances toute l'année ! Grâce aux notes, tu peux te comparer aux autres et essayer de faire toujours mieux. C'est bien car la compétition ne sert pas à écraser les copains, mais à se stimuler.

Je n'aurais pas dû lui montrer le carnet de notes, hein ?
Elle a mal réagi quand elle a vu les zéros...
Et puis l'appréciation, ça ne lui a pas plu !!!
Résultat : je suis puni !
Franchement, à quoi ça sert d'être honnête ?
livré de la Maîtresse
patience = 0/10
sourir = 2/10
ortographes = 10/10
peut mieu fair.
devrait donner de meilleur notes !

COMMENT APPRENDRE FACILEMENT UNE LEÇON ?

Ta mémoire ressemble à ta chambre : quand tout est en désordre, tu ne retrouves plus rien ! Pour bien retenir les choses que tu apprends en classe, il faut faire du rangement dans ta tête. Il y a des petits « trucs » qui peuvent t'aider : répéter tes leçons à haute voix, ou les recopier, ou te faire interroger par tes parents, ou relire une dernière fois ton cahier avant de te coucher, ou encore souligner les mots importants avec des crayons de couleur. Chacun a ses préférences ! L'essentiel, c'est le résultat : si tu utilises la méthode qui te convient, tu seras récompensé par une bonne note…

VOCABULAIRE

Les notes servent à **ÉVALUER** un élève, à mesurer son niveau. Elles créent de l'**ÉMULATION** entre les élèves, ils ont envie de se dépasser les uns les autres. Quand un élève n'arrive pas à avoir des bonnes notes, on peut lui proposer un **SOUTIEN SCOLAIRE**, des leçons en plus pour rattraper son retard. Il y a aussi des élèves qui ont des mauvaises notes parce qu'ils ne font rien en classe, on les appelle les **CANCRES**.

HISTOIRE

PUISQUE JE NE MONTE PAS BIEN À CHEVAL… JE SERAI CAVALIER !

À l'école, Philippe de Hauteclocque a des notes brillantes dans toutes les matières. Il n'y a qu'en équitation qu'il n'est pas très doué. Il pourrait se dire : « Tant pis : j'abandonne le cheval, je suis excellent partout ailleurs ! »
Philippe prend justement cette limite comme un défi. Il s'acharne à progresser : il se jure de devenir bon cavalier. Il décide même d'en faire son métier en entrant dans la cavalerie de l'armée française ! Il travaille tant et si bien qu'il est premier au concours !
Cet élève à la volonté de fer va devenir un héros. Pendant la Seconde Guerre mondiale, il entre dans la résistance contre les nazis. Il se cache sous le faux nom de Philippe Leclerc (pour que les Allemands perdent sa trace, et qu'ils ne se vengent pas sur sa femme et ses six enfants).
En août 1944, le général Leclerc libère Paris… à la tête de la cavalerie !

Pourquoi veut-on être le meilleur ?

On a tous besoin d'être admiré, comme Bonaventure. C'est normal d'être fier de réussir, d'avoir envie de faire les choses le mieux possible. Pour autant regarder les autres et se comparer n'est pas toujours le bon moyen pour savoir si on a bien fait. Ce qui compte, c'est les progrès que tu as faits, toi… même si tu pars de moins haut !

BRAVO CHAMPION !

Gagner un jeu ou une compétition, être premier de la classe, recevoir des compliments parce que tu as fait le plus beau dessin… tes succès te donnent un grand plaisir. Même quand on est modeste, c'est agréable de se faire remarquer en bien, de susciter l'admiration des autres. C'est aussi une grande joie d'être récompensé pour ton travail. Tu as fait des efforts pour être en première ligne, tu t'es donné du mal, tu peux être fier du résultat.

LE RISQUE DE PERDRE

Avant de monter sur le podium, il faut accepter la compétition et ce n'est pas toujours facile. Bonaventure a de l'humour ; malgré cela, il trouve que c'est dur de perdre ! D'autres sont encore plus mauvais joueurs. Ils refusent d'avance la compétition par peur des concurrents ; ou s'ils perdent, ils préfèrent penser qu'ils ont été victimes d'une injustice !

LA MEILLEURE PLACE EST RÉSERVÉE AUX COURAGEUX

Si tu veux devenir meilleur, il te faudra travailler longtemps sans te décourager. Il faut essayer de dépasser sans cesse ce dont on est déjà capable ; cela veut dire qu'on ne peut jamais se reposer ! Il faut aussi goûter le plaisir du jeu, accepter de se mesurer aux autres, et être capable d'admirer ceux qui sont encore meilleurs que toi… pour l'instant.

L'essentiel, c'est de participer...
Gagner n'a aucune importance.
Le succès tourne la tête !
Les coupes, les médailles c'est pour les prétentieux !
Jaloux !
Pas du tout ! Pas du tout !
Juste médaille d'or de modestie !

ON EST D'AUTANT MEILLEUR QU'ON A DU CŒUR

Être le meilleur ne veut pas dire être un tueur ! Quand tu as des compétences, l'idéal est d'en faire profiter les autres : ça ne t'empêchera pas de rester le premier. Beaucoup de stars et de grands sportifs utilisent leur célébrité pour aider des gens. Par exemple, la première femme française à avoir gravi l'Everest, le sommet le plus haut de la terre, a fondé une association qui s'appelle « À chacun son Everest ». Cette association aide des enfants gravement malades à réussir des projets ambitieux. Tu n'es pas un champion du monde ni une star mondialement connue ; mais déjà, à ton échelle, tu peux mettre tes talents au service de ceux qui ne sont pas les meilleurs.

VOCABULAIRE

C'est agréable de **SORTIR DU LOT**, de se distinguer des autres parce qu'on est le meilleur. Quand on dit d'un homme qu'il est un sportif **HORS PAIR**, cela veut dire qu'il n'y en a pas deux comme lui : il n'a pas de **PAIR**, pas d'égal. Avant de devenir un champion, on **AVALE DES COULEUVRES**, une expression imagée pour dire qu'il faut gober des déceptions et des vexations ! Si tu es premier, **NE T'ENDORS PAS SUR TES LAURIERS**, ne te dis pas « je suis le meilleur, donc j'arrête de travailler ». Un autre prendrait vite ta place !

HISTOIRE

MEILLEURS À PLUSIEURS

Un soir de juillet 1998, la finale de la Coupe du monde de football a lieu à Paris : l'équipe de France joue contre les Brésiliens. Le pays tout entier s'intéresse au match et assiste à une large victoire des Français, trois buts à zéro. La foule descend faire la fête dans la rue ! Sur l'avenue des Champs-Élysées, des milliers de gens déferlent pour célébrer les Bleus. On n'avait jamais vu un tel rassemblement depuis la libération de Paris à la fin de la guerre !

Qui a été le meilleur ? Qui a gagné le match ? Zidane, Bartez, Karambeu, Lizarazou, un autre ? Ou leur entraîneur, Aimé Jacquet ? Tous à la fois. Leurs noms sont scandés par la foule en délire. Ce soir-là, tous les Français ont l'impression d'être les meilleurs du monde, ils partagent la gloire des Bleus, ils se sentent unis par la victoire. Être meilleur, c'est encore plus savoureux quand on l'est à plusieurs, on se sent chacun encore plus fort.

Pourquoi se moque-t-on de ceux qui sont différents ?

Nous sommes tous différents, mais chez certains, ça se voit plus ! Et cela peut nous intriguer, nous faire peur ou nous faire rire. Chacun a besoin d'être accueilli comme il est. Le problème, c'est qu'il est très facile (et très lâche) de rigoler des différences de ceux qui sont tout seuls, ou qui ne peuvent pas se défendre…

PERSONNE N'EST « PAREIL »

Regarde autour de toi dans la rue. Parmi les passants, personne ne ressemble à son voisin. Les gens ont des couleurs de peau différentes, des silhouettes distinctes, des âges divers. Et tu ne vois là que les distinctions physiques, sous lesquelles se cachent les différences de caractères… Il y a les doux, les bagarreurs, les timides, les étourdis, les gentils et les grincheux.

C'EST PLUS FACILE DE SE MOQUER

C'est étrange : dans ce monde où personne n'est « pareil » (pas même les jumeaux !), les différences étonnent parfois. Il y a des gens avec qui on ne sait pas trop comment se comporter parce qu'à force d'être originaux, ils semblent vivre sur une autre galaxie. Alors on se moque d'eux, par lâcheté, par peur.

TROIS BONNES QUESTIONS

Pourtant, nous vivons tous sur la même planète, et nous pouvons partager des jeux et des rires. Lorsque tu rencontres quelqu'un qui te paraît à l'opposé de toi, tu peux te poser les bonnes questions qui vous rapprocheront : qu'est-ce qu'on a en commun ? Qu'est-ce qu'on peut partager ? Qu'est-ce qu'on peut s'apprendre l'un l'autre grâce à nos différences ?

?
Hé !
Bonjour, je mange 3000 hamburgers pas jour !
Ha ha ha !
Moi, j'ai le même coiffeur que mon chien !
Hi hi !
Kôt kôt kôôôt !!!
Ha ha ha ha !
Pch pch pchh...
Hi hi hi hi, c'est clair !
Bon ben... Je vais rentrer, je crois...
Hum... Pareil !

COMMENT TRANSFORMER UN HANDICAP EN FORCE ?

Un handicap est une faiblesse ? Vrai et faux ! Vrai parce qu'il s'agit d'un défaut du corps : quand une personne est aveugle, ou sourde, ou paralysée, il lui manque quelque chose pour vivre « normalement », comme les autres. Faux parce que son handicap lui donne envie de lutter et de développer d'autres talents pour compenser son « infériorité ». Regarde un aveugle marcher dans la rue, et essaie de te diriger aussi bien les yeux fermés... non, ne fais pas ça, rouvre-les vite, tu vas te faire mal !
Surtout, une personne handicapée développe souvent une grande « force d'âme » : elle se sait imparfaite mais elle se bat pour faire des progrès.

Des **SOSIES** sont deux personnes qui se ressemblent énormément, on pourrait les confondre. Ton meilleur ami a peut-être tellement de points communs avec toi qu'il est ton **ALTER EGO**, ton double ! Cependant c'est en rencontrant des gens différents que tu apprendras la **TOLÉRANCE**, l'art de respecter des personnes qui ont un caractère, des idées, un style différents des tiens.

VOCABULAIRE

HISTOIRE

CYRANO, L'HOMME QUI SE MOQUE DE LUI-MÊME MIEUX QUE LES AUTRES

Cyrano de Bergerac est doué de toutes les qualités. C'est un poète plein d'esprit, un ami sensible, un mousquetaire courageux. Mais il a un défaut physique visible : son nez immense le défigure. À cause de ce nez, Cyrano sait que la femme qu'il aime ne le remarquera jamais, lui qui a tout pour plaire. Il souffre profondément. Pourtant, il a assez d'humour sur lui-même pour rire de cette difformité. Un jour, un jeune homme très coquet et très sot le provoque : « Vous avez un nez, un nez... long ! » À son tour, Cyrano se moque : ce jeune idiot n'a pas d'imagination ! Et le voilà qui se lance dans de folles plaisanteries sur son propre nez : c'est une écritoire, un étui à ciseaux, un perchoir pour les oiseaux, une publicité pour les parfumeurs, aucun vent ne peut l'enrhumer, c'est la Mer Rouge quand il saigne, etc. Le public qui assiste à cette « tirade du nez » s'amuse beaucoup. Mais il ne rit pas de Cyrano. Il rit avec lui du jeune imbécile et de sa moquerie bête et gratuite.

Est-on très différent des singes ?

Comme Bonaventure, tu as sûrement entendu dire que l'homme était un cousin éloigné du singe. Pourtant tu as moins de poils qu'un gorille, et tu es moins agile qu'un orang-outang ! Ce n'est toutefois pas la seule différence entre toi et les singes. La liberté, le langage, la culture, l'humour… Elle est longue, la liste de tout ce qui fait de toi un membre du club fermé de l'humanité !

LES TEMPS ONT CHANGÉ DEPUIS LA PRÉHISTOIRE

Si l'homme a ressemblé au singe, c'était quand même il y a très longtemps ! Depuis, il a appris à parler : le langage est la première chose par laquelle les hommes se sont distingués des bêtes. Ensuite, il y a eu la « conscience de soi ». C'est la capacité à se connaître, à se poser des questions sur le but de la vie. En évoluant ainsi, les hommes ont quitté la famille des singes…

L'HUMANITÉ EN PROGRÈS

Quand un bébé naît, il n'est pas loin de ressembler à un petit animal. Il mange, il dort et il ne parle pas. Pourtant son intelligence se développe déjà. Ensuite, ses parents l'élèvent (ils ne le dressent pas !) Ils éveillent en lui les talents intellectuels mais aussi la politesse, l'attention aux autres, et la part humaine gagne du terrain sur la part animale dans la tête du petit enfant ! C'est une conquête qui n'est jamais finie, on peut toujours devenir plus humain…

TRAITÉ COMME UNE BÊTE, L'HOMME RESTE UN HOMME

Certains individus nient l'humanité d'autres hommes. Autrefois, on pouvait acheter des esclaves comme des bœufs. Sous Hitler, on enfermait des gens dans des camps où on les faisait mourir dans des conditions qu'on n'infligerait pas à des animaux. Mais les témoins de ces situations disent que les victimes gardaient une dignité indestructible.

La théorie
de l'évolution ?
GNiAM!
Elle dit que l'Homme
descend du singe...
chomp
Mium Miôm
Miam
C'est Charles Darwin
qui l'a établie au départ
RÔÔÔh!
Oups,
pardon !
D'après lui, les hommes
et les singes sont...
SNURF
MiÔM
MiUM
MiAM
... comme de
lointains cousins !
PRÔÔÔT
Oulah !
...
Hum...
Ben quoi ?
Non rien... Je me disais juste
que certains hommes doivent
plutôt descendre du cochon !

QUAND L'HOMME S'EST-IL DISTINGUÉ DU SINGE ?

Les premiers êtres ressemblant à des hommes vivaient il y a 3 millions d'années. On les appelle les australopithèques. Les adultes mesuraient ta taille, ils avaient des bras immenses et vivaient surtout dans les arbres ! Progressivement, l'homme s'est redressé, il s'est mis à marcher seulement sur deux pattes : on appelle cet homme plus évolué l'homo erectus (homme debout, en latin). C'est lui qui a inventé les premiers outils et appris à domestiquer le feu, il y a 750 000 ans. Il ne ressemblait pas du tout à l'homme actuel. Les premiers qui ont eu une silhouette et une tête proches des nôtres vivaient il y a 200 000 ans. Ils sont de la même catégorie que toi : homo sapiens, homme sage/savant !

VOCABULAIRE

Au xixe siècle, Charles Darwin a établi la **THÉORIE DE L'ÉVOLUTION** en disant que l'homme n'est pas apparu sur terre tel qu'il est aujourd'hui. Il s'est lentement transformé pour devenir de plus en plus **HUMAIN**. Humain veut dire « propre à l'homme », mais son deuxième sens est « bienfaisant, secourable » ! Parfois l'homme se montre **INHUMAIN**, barbare et impitoyable… Attention, on ne dit pas qu'un singe est inhumain ! L'**INHUMANITÉ** est un défaut réservé aux hommes !

HISTOIRE

VICTOR, L'ENFANT SAUVAGE

En 1800, dans l'Aveyron, des chasseurs capturent un enfant nu qui grogne et court à quatre pattes. Sans doute abandonné tout petit dans la forêt, il a survécu en adoptant les manières des bêtes.

Un médecin, Jean Itard, décide de l'éduquer : il s'acharne à lui apprendre à lire, à écrire, à parler…

Malgré quelques progrès, Victor reste muet, bizarre, apparemment incapable de sentiments humains normaux. Découragé, Itard abandonne ses expériences ; Victor est confié à une nourrice dévouée et meurt vers l'âge de 40 ans.

Est-ce que l'échec du docteur prouve que Victor est resté « animal » ? Non. Aujourd'hui, on pense qu'il souffrait d'autisme, une maladie alors inconnue, qui empêche de communiquer. D'autre part, être étudié comme une bête curieuse n'est pas l'idéal pour rejoindre le monde des hommes. Tout petit, il a manqué à Victor une chose essentielle, l'amour de ses parents…

Mes dessins sont-ils de l'art ?

Avec un feutre ou un pinceau, tu fais peut-être de très belles choses. Quand on regarde tes dessins, on dirait que tu as inventé quelque chose de neuf, et ceux qui le regardent sont touchés… tu as du talent ! Cela ne suffit pas pour faire de l'art – il faut aussi du travail et de la réflexion. Alors attends un peu, et travaille beaucoup, avant de savoir si tu es un génie. !

ARTISTE INCOMPRIS

Tu viens de faire un dessin, tu en es fier… et voilà que ta maîtresse te donne une mauvaise note. Tes parents, à qui tu as offert ton chef-d'œuvre, oublient de l'exposer dans leur salon ! Ils exagèrent ! D'autant plus qu'ils s'exclament d'admiration devant des tableaux de Picasso que tu ne trouves franchement pas beaux…

PAS DE RECETTE POUR RÉUSSIR

La beauté est une chose difficile à juger. Dans un calcul de maths, le résultat est vrai ou faux, il ne se discute pas. Le résultat d'un travail d'artiste n'est pas aussi simple à évaluer. Par exemple, un peintre peut faire un tableau parfaitement ressemblant au modèle, cela ne suffit pas pour que son œuvre soit belle, et parfois, un tableau n'est ni ressemblant, ni beau… pauvre Bonaventure !

LES BEAUX TABLEAUX ONT UNE ÂME !

Il faut du temps pour savoir ce qui est beau. Il faut apprendre à regarder, à écouter, à sentir. Les artistes sont des gens qui ont une grande sensibilité. Ils voient les choses avec un regard qui leur appartient vraiment, qui n'est celui de personne d'autre, et ils réussissent à mettre sur leur tableau beaucoup d'eux-mêmes. On dit alors que leur tableau a « de l'âme » ! En le regardant, on a l'impression d'ouvrir les yeux d'une manière nouvelle. L'artiste est celui qui nous apprend à voir la vie autrement.

Mmh...
Mais...
C'est... C'est nul !
Nul !
BING
NUL !
NUL !!!
Nu...
J'ai appelé cette série "Colère sombre" !
Bravo !
Génie !

EST-CE QU'IL EXISTE DES ENFANTS ARTISTES ?

« Oui, moi ! » dirait Bonaventure… qui grossit un peu son talent. Pourtant c'est vrai, il y a des enfants plus doués que d'autres en dessin. Ils ont du goût pour les couleurs, ils ont le sens des formes. De même, il y a des enfants précocement doués pour la musique. Cela ne signifie pas qu'ils sont des artistes. On dit que ces enfants ont un « bon coup de crayon » ou une « bonne oreille ». C'est déjà beaucoup ! À partir de ces qualités naturelles, ils doivent travailler, fréquenter les vrais génies, ceux d'avant, les grands peintres et les grands musiciens, qui ont bien des choses à apprendre aux artistes en herbe. Bref, on ne naît pas artiste, on le devient !

VOCABULAIRE

Un artiste **GÉNIAL** n'est pas un artiste super, mais un artiste suprêmement doué ; le **GÉNIE** est le plus haut degré du talent. Les œuvres d'un artiste ne se valent pas toutes ; la plus réussie est son **CHEF-D'ŒUVRE**. Pour l'apprécier, il faut un grand sens **ESTHÉTIQUE**, ce goût de la beauté dans l'art.

HISTOIRE

MOZART, L'ENFANT PRODIGE… SURMENÉ PAR UN PÈRE AMBITIEUX !

À 3 ans, Wolfgang Amadeus Mozart s'amuse avec les partitions musicales de sa grande sœur. Il se perche sur le tabouret du clavecin et joue. Son père Leopold est saisi de stupeur. Dans la tête de son petit garçon, il y a déjà une musique fabuleuse qui jaillit ! Léopold Mozart est orgueilleux. Son fils serait un génie ? Quelle gloire pour la famille ! Il le fait travailler sans relâche.

À 6 ans, Wolfgang est un pianiste exceptionnel. Son père l'emmène en tournée dans les cours royales d'Europe pour le rendre célèbre. Wolfgang est montré comme un singe savant. On le fait jouer sur un piano recouvert d'un drap, on lui fait écouter de longs morceaux inconnus et il les rejoue ensuite sans une faute grâce à sa mémoire phénoménale. Mozart l'enfant surdoué va tenir ses promesses et devenir l'un des plus grands musiciens de tous les temps, avant de mourir en 1791 à l'âge de 35 ans.

Est-ce que c'est grave de tricher ?

C'est beaucoup plus difficile de respecter les règles quand… on est en train de perdre. Cependant si tu gagnes en trichant, ta victoire ne vaut pas grand-chose. Tu trompes les autres, tu perdras leur confiance s'ils s'en aperçoivent.

QUAND LES RÈGLES SONT RENVERSÉES

Lorsque Bonaventure et ses amis organisent les championnats du meilleur tricheur, la tricherie fait partie de la règle du jeu. C'est un moment pour rire, on joue « pour de faux », tous les coups sont permis et le but du jeu est de faire le plus d'entorses possible à l'honnêteté, sans se faire prendre !

UN CERCLE VICIEUX

En dehors de ce cas particulier, la tricherie n'est pas un motif de fierté. Comme dit Julie, on vole une victoire qu'on n'a pas méritée. Un tricheur ne savoure pas sa récompense comme s'il l'avait obtenue par son travail ou ses talents. En outre, une fois qu'il a commencé à gagner en trichant, il veut ensuite gagner à tout prix, cela devient une manie, il prend goût aux victoires faciles et il ne voit plus de raisons de se mettre au travail.

PAS MOTIVÉS POUR AVANCER

Les tricheurs cherchent à dissimuler une faiblesse. Par lâcheté, ils refusent d'admettre qu'ils ne sont pas les plus forts : ils préfèrent voler au meilleur sa première place. Seulement, du coup, ils ne se donnent pas les moyens de devenir meilleurs pour de vrai. Avec du travail, les progrès seraient plus efficaces ! Tricher est encore plus grave pour soi-même que pour les autres. C'est accepter de rester médiocre. Les tricheurs sont des gens qui refusent de se bouger pour avancer dans la vie.

Quand on triche...
On remporte une victoire qu'on ne mérite pas.
On vole la victoire à ceux qui la méritent vraiment !
Ça ne vaut pas grand chose !
Sauf quand c'est nous...
championnat du meilleur tricheur
... qui fixons les règles !

UN FAUSSAIRE HÉROÏQUE

Pendant la guerre, le vieux voisin de Bonaventure trichait sans cesse. Il cachait des juifs chez lui et leur fabriquait de faux papiers pour qu'ils puissent s'enfuir. Pour sa tricherie, il a reçu une médaille décernée aux héros.
Dans sa jeunesse, monsieur Glas a triché comme le vieux voisin : il a truqué les papiers d'un ami, pour que cet ami puisse passer des concours à sa place ! Monsieur Glas s'est fait punir. Depuis, il regarde le vieux héros en grognant méchamment : « Dire qu'il a triché comme moi ! » Non, monsieur Glas, non… Il y a des cas, rares, où la tricherie est légitime pour sauver des gens ou combattre une situation injuste. Ce n'est pas ce que vous avez fait !

VOCABULAIRE

Quand quelqu'un triche au jeu, on dit que les dés sont **PIPÉS**, truqués. C'est devenu une image : on s'en sert même pour d'autres situations. Une tricherie énorme qui demande tout un montage et beaucoup d'énergie s'appelle une **ARNAQUE**. Voici des expressions familières : on parle de **TRICHE**, on dit qu'un élève **GRUGE**, ou qu'il **POMPE** sur la copie de son voisin.

HISTOIRE

UNE CÉLÈBRE PARTIE DE CARTES

Jeanne rit toute seule devant un livre. « Qu'est-ce que tu lis ? » demande Julie. « Raconte ! » supplie Bonaventure.
« C'est *Marius*, une pièce de théâtre écrite par Marcel Pagnol. Il y a une scène où quatre vieux amis jouent à la belote : monsieur Brun et Panisse contre César et Escartefigue. C'est au tour du gros Escartefigue de jouer. Avec son accent chantant de Marseille, il se demande si Panisse a du cœur dans son jeu. Malin, César lui envoie un message : "Tu me fends le cœur !" Escartefigue a compris : Panisse a des cartes de cette couleur ! Furieux d'avoir été roulé, Panisse jette ses cartes et s'en va en criant. C'est la tricherie la plus drôle de la littérature… même si tricher entre amis, c'est toujours risquer des brouilles sans réconciliations ! »

Est-ce que c'est mal de *dénoncer quelqu'un* ?

Quand tu as un problème avec une personne, mieux vaut essayer de le régler ensemble. Il peut être parfois nécessaire de demander la protection ou l'aide de quelqu'un, d'un adulte, quand on te fait du mal et que tu ne trouves pas de solution… En revanche, dénoncer quelqu'un qui n'a rien fait, c'est grave car tu peux faire punir un innocent !

RAPPORTEUR DE PARIS...

Traiter un camarade de rapporteur n'est pas un compliment. Tu le considères comme un bébé incapable de se défendre tout seul. Tu as un peu raison : les petites disputes, il vaut mieux les régler soi-même. Ça fait moins d'histoires et on se fait davantage respecter. Cependant, la dénonciation n'est pas toujours une lâcheté. Quand il s'agit d'un problème grave (si quelqu'un te menace pour te voler quelque chose, par exemple), il faut en parler à un adulte. Les adultes ont souvent de bonnes idées pour protéger les enfants.

UN TÉMOIGNAGE PEUT SAUVER DES GENS

Quand on est témoin d'une scène pénible (on voit quelqu'un se faire frapper, on assiste à un accident de voiture où le conducteur responsable ne veut pas reconnaître ses torts), c'est important de dire ce qu'on a vu ou entendu. La police fait souvent appel à des témoins pour vérifier ce qui s'est passé. Un témoignage peut aider des personnes en danger. Si on ne parle pas, d'une certaine manière, on se rend complice des agresseurs.

RÉFLÉCHIR AVANT DE PARLER

La dénonciation est parfois justifiée. Toutefois, on ne doit dénoncer que preuves à l'appui. C'est grave d'accuser « à la légère », sans être sûr de ce qu'on dit. C'est comme cela qu'on fait punir des innocents. Avant de dénoncer, il faut réfléchir et se poser les bonnes questions. Est-ce que je vais « rapporter » par méchanceté ? ou pour me rendre intéressant ? ou pour gagner une récompense (n'est-ce pas Bonaventure…) ? Dans ces cas-là, il vaut mieux se taire !

Je me demande comment la maîtresse a su que j'avais apporté un rat dans la classe !
Hiiiiiiiiiiiiiii
Il y a forcément quelqu'un qui m'a dénoncé !
Sûr !
Il n'y a rien de pire que les rapporteurs !
Les bandits les appellent des balances.
Et tout ça juste pour gagner de l'argent ou un bon point !
... Ou une part de gâteau !
Au fait, tu me donnerais ton goûter...
... si je te dis qui t'a dénoncé à la maîtresse ?

QUELLE EST LA DIFFÉRENCE ENTRE DÉNONCIATION ET CALOMNIE ?

Dans les deux cas, le rapporteur accuse quelqu'un. Lorsqu'il calomnie, il n'a pas de preuves. Souvent même, il sait que sa dénonciation est un mensonge. La calomnie est un acte ignoble. D'abord, elle montre la méchanceté du dénonciateur, qui veut faire punir un innocent. Ensuite, dirait Robert-le-Rouge, la calomnie vous coule un homme comme un boulet de canon vous coule un navire. Les bruits qu'on fait courir sur une personne ne sont jamais oubliés, même si cette personne réussit à prouver son innocence. Sa réputation et sa dignité sont souvent ruinées dans la tête des gens, et la victime reste marquée toute sa vie par cette injustice.

VOCABULAIRE

Un **CORBEAU** n'est pas seulement un oiseau au plumage noir. C'est aussi une personne qui écrit des lettres pour dénoncer quelqu'un à la police. Ce sont des lettres **ANONYMES**, non signées. Quand un rapporteur a pour but de gagner une récompense ou de faire du mal à quelqu'un, on utilise le mot **DÉLATION** : la délation est une dénonciation méprisable.

HISTOIRE

UNE LETTRE DANS LA GUEULE DU LION

Un jour, tu iras peut-être visiter Venise. Tu y verras plusieurs boîtes aux lettres curieuses. Ce sont des têtes de lion (le lion est l'emblème de Venise), sculptées sur des murs. Leur gueule est un trou. Autrefois, les Vénitiens y glissaient des lettres de dénonciation. S'ils pensaient qu'un voisin ne payait pas ses impôts, qu'il était coupable d'un crime, qu'il avait une maladie mortelle contagieuse, ils déposaient cette accusation dans la gueule du lion ! Il fallait que les lettres soient signées par deux personnes. Elles étaient lues par le redoutable Conseil des Dix, une assemblée de juges qui avait le droit de vie et de mort sur tous les Vénitiens. Il y a longtemps que ce tribunal n'existe plus et que les lions sont muets. Malheureusement, les lettres de dénonciation existent encore partout dans le monde... Dans certains pays dirigés par des dictateurs, la police écoute toujours les délateurs. Dénoncer quelqu'un, c'est comme l'envoyer en prison ou même à la mort, sans « se salir les mains ».

Pourquoi aime-t-on *faire du sport* ?

On passe beaucoup de temps à faire fonctionner au mieux sa tête… Pratiquer un sport, c'est apprendre à bien faire fonctionner son corps, à réussir le mouvement juste au bon moment. Quel plaisir ! Et en plus, le sport se pratique presque toujours à plusieurs… C'est l'occasion d'apprendre l'esprit d'équipe et d'affronter ensemble des difficultés.

LES BONS MATCHS FONT LES BONS AMIS !

Si tu posais cette question à Émilien, il te répondrait sans hésitation : le sport, c'est pour le plaisir de jouer ensemble. Pour lui, les jeux d'équipe sont ce que les hommes ont inventé de meilleur ! Il n'y a rien de tel qu'un bon match pour créer de vrais copains. On est soudés même avec l'équipe adverse, parce que la compétition ne rend pas ennemis : elle stimule, elle rapproche, elle fait partager les mêmes passions.

DES PROGRÈS, TOUJOURS DES PROGRÈS !

Julie pourrait te donner des raisons supplémentaires d'aimer le sport. Pour cette fille volontaire et énergique comme pas deux, le sport est l'occasion de dépasser ses limites, de faire toujours plus d'efforts. Quand Julie chausse ses baskets, elle se promet de courir plus vite que la dernière fois, de sauter plus haut, de taper plus fort dans le ballon !

DES SUPPORTERS POUR ÉCHAUFFER L'AMBIANCE

Et Bonaventure ? Pratiquer un sport, ce n'est pas son truc. Il a choisi de participer… à l'animation des gradins. C'est un supporter enthousiaste, quand ses copains sont sur le terrain ! C'est important qu'il y ait des spectateurs dans un match : ils font partie du jeu. Imagine un stade où il n'y aurait personne pour applaudir, chanter et trépigner ? On peut aimer le sport sans être sur le terrain, c'est une autre manière de vibrer… et d'être aux côtés des sportifs.

Le sport, c'est la santé...
J'ai !
Après l'effort, on se sent vraiment en pleine forme !
ARRIVÉE
Hhh ...
Hhh ...
Et puis rien de tel qu'un bon match tous ensemble...
Ah !
... pour former un vrai esprit d'équipe !
Moi, j'adore le sport...
... devant la télé !

ALLEZ, JEANNE, UN P'TIT EFFORT !

Jeanne la libraire connaît le sport par les livres. Mais de là à faire du sport elle-même ! Un jour, Robert, qui revient d'un bain au lac, lui lance :

– Le sport ferait tant de bien à ton dos, toujours penché sur les livres… essaie au moins la natation ! Ça te détend, ça t'assouplit, ça fait travailler en douceur tous tes muscles à la fois !

Jeanne n'est pas convaincue. Robert ajoute :

– Tu sais, les Romains disaient : *Mens sana in corpore sano*, ce qui veut dire…

– L'esprit est en bonne santé dans un corps en bonne santé ! interrompt Jeanne. Tu ne vas quand même pas me traduire le latin ! Allez, pirate, tu as gagné… Demain, je nage avec toi !

VOCABULAIRE

Le mot sport vient de l'ancien français « desport » qui voulait dire « amusement » ! Il y a les sports collectifs qui se jouent en équipe (foot, volley, rugby, etc.) mais aussi les **SPORTS DE COMBAT**, où il faut donner des coups ou faire des prises à son adversaire (judo, escrime, boxe, etc.). Quand on dit : « Émilien s'est montré très **SPORT** », cela signifie qu'il a été loyal, bon joueur. **SUPPORTER** vient de *to support* en anglais, qui signifie « soutenir ».

HISTOIRE

PETITE HISTOIRE DES JEUX OLYMPIQUES

Qui ne connaît pas les JO, qui ont lieu tous les 4 ans ! Mais connais-tu leur histoire étonnante ? Les premiers Jeux ont eu lieu en 776 avant J.-C., à Olympie. Ils rassemblaient toutes les cités de Grèce. Chaque champion représentait sa ville et les jeux avaient donc une signification politique. Ils avaient aussi un aspect religieux : les Grecs croyaient que leurs dieux présidaient aux sports. Ces jeux ont été pratiqués pendant dix siècles, puis ils ont disparu. Pour renaître, il leur a fallu attendre un Français, le baron Pierre de Coubertin, né en 1863 et mort en 1937. Coubertin, grand sportif, pense que le sport peut rassembler les hommes, leur forger le caractère, les rendre meilleurs, et unir les nations. Il émet l'idée de ressusciter les Jeux olympiques. Au début, il ne convainc personne. Il lui faudra une volonté de fer pour organiser les premiers JO modernes à Athènes en 1896 !

Pourquoi s'intéresse-t-on autant à des choses du passé ?

C'est passionnant ou amusant de découvrir comment vivaient les chevaliers, la manière dont s'habillaient les reines, ou la technique de combat des Gaulois… Et quand on commence à connaître ses ancêtres, on apprend aussi à mieux comprendre d'où on vient, comment et pourquoi les hommes d'aujourd'hui vivent ainsi… et quelles erreurs ils feraient mieux d'éviter !

COMME UNE BD

Émilien et Bonaventure aiment se plonger dans les livres d'histoire de Jeanne. Ils ont l'impression de s'asseoir dans une machine à remonter le temps ! Ils voyagent à travers les époques et rêvent à la vie étonnante des gens d'autrefois. Chaque période de l'histoire est pleine d'aventures et de découvertes stupéfiantes… Peut-être aimes-tu, comme eux, te pencher sur le passé comme sur une BD !

COMPRENDRE L'ACTUALITÉ

Étudier l'histoire n'est pas seulement fascinant ; c'est utile pour mieux comprendre le monde dans lequel tu vis. Les hommes sont influencés par ce qu'ont fait leurs parents, leurs grands-parents, et leurs ancêtres plus lointains. Si l'histoire avait été différente, leur vie actuelle serait autre. Par exemple si l'Allemagne nazie avait gagné la Seconde Guerre mondiale, le cours de notre histoire aurait changé. Peut-être serais-tu Allemand aujourd'hui !

LES LEÇONS DE L'HISTOIRE

Il est important de connaître le passé pour ne pas retomber dans les mêmes erreurs qu'autrefois. Par exemple, après la Seconde Guerre mondiale, on a construit des musées pour expliquer l'horreur de la guerre et du racisme aux générations futures, y compris aux enfants comme toi qui sont nés longtemps après. C'est une manière d'informer les gens d'aujourd'hui… pour les dissuader d'être barbares dans l'avenir.

Au Moyen Âge, les chevaliers n'avaient que des épées et des boucliers…
… pour affronter d'horribles dragons géants !
Je n'ai pas peur de ton…
WROOOF
… feu.
?!
Ils devaient aussi avoir des extincteurs !

PEUT-ON CONNAÎTRE L'AVENIR ?

C'est drôle d'imaginer l'avenir et certains sont doués pour cela. Au XIXe siècle, l'écrivain Jules Verne a inventé dans *Vingt mille lieues sous les mers* un étonnant navire qui voguait sous l'eau, l'ancêtre des sous-marins. Il a aussi décrit une fusée cent ans avant le premier voyage sur la lune ! On dit que c'était un écrivain visionnaire, doué pour imaginer l'avenir. À ne pas confondre avec un voyant qui prétend lire l'avenir dans une boule de cristal… Un voyant dit n'importe quoi car l'avenir n'est pas tracé d'avance : ce sont les hommes qui le construisent jour après jour. En revanche, on peut s'amuser à le rêver, comme Jules Verne… ou grâce aux films de science-fiction.

Quand Émilien parle d'un lance-flammes à propos du Moyen Âge, il fait un **ANACHRONISME**, il place à une époque un objet qui n'existait pas encore. Quand on étudie l'histoire, on apprend des dates qui se succèdent dans l'ordre, c'est la **CHRONOLOGIE**. Un **HISTORIEN** étudie l'histoire. Un **ARCHÉOLOGUE** fouille la terre pour étudier les objets anciens, les tombes, les maisons enfouies dans le sol. Un **PALÉONTOLOGUE** étudie la préhistoire.

VOCABULAIRE

HISTOIRE

LE PREMIER HISTORIEN DE L'HISTOIRE !

Plus de 400 ans avant Jésus-Christ, les villes d'Athènes et de Sparte se livrent une guerre sans merci pour dominer la Grèce. Thucydide commande une escadre athénienne. Un jour, Sparte décide de s'emparer de la ville d'Amphipolis. Thucydide et ses hommes sont envoyés à la rescousse des assiégés… mais ils arrivent trop tard ! En guise de punition, Thucydide est banni : il n'a plus le droit de reparaître à Athènes. La vie de Thucydide n'est pas brisée pour autant. Il commence à écrire. Il souhaite raconter la guerre. Mais il ne veut pas seulement parler de sa petite expérience à lui. Dans son livre *Les Guerres du Péloponnèse*, il décrit l'ensemble du conflit (qui a duré presque 30 ans). Il raconte les événements avec exactitude et impartialité (c'est-à-dire sans « prendre parti » : sans insulter les Spartiates ou exagérer les qualités des Athéniens). Il cherche aussi à comprendre les causes précises de la guerre. C'est le premier historien… de l'Histoire !

Pourquoi y a-t-il *des guerres* ?

Quand deux personnes, deux groupes ou deux pays ne sont pas d'accord, chacun essaie d'imposer son point de vue à l'autre. D'abord en dialoguant, en essayant de convaincre… Et quand on n'arrive plus à discuter, alors c'est la guerre. On ne trouve pas d'autres solutions pour résoudre le conflit que de se combattre par les armes.

DU GOURDIN À LA BOMBE

Depuis le début de l'histoire, les hommes se sont battus entre eux. Ils ont perfectionné leurs armes mais la cause des guerres est restée la même : chacun veut quelque chose que l'autre veut aussi. Quand tu désires le même jouet que ta sœur, vous vous bagarrez et le plus fort gagne (ou le plus rusé) ! Il y a aussi des guerres stupides qui éclatent parce que l'un des deux camps s'estime injurié par l'autre : regarde Émilien et Bonaventure…

MALHEUR AUX VAINCUS

On fait la guerre quand on ne réussit pas à discuter. Dans tous les cas la violence est un échec. À la guerre, il y a toujours un perdant. Souvent, le vaincu va payer cher sa défaite et il rêvera de se venger par une autre guerre… Et quand les ennemis en ont assez de se battre, ils ne trouvent pas facilement le moyen de faire la paix. Il est plus simple de provoquer une guerre que de la finir.

LES GUERRES « JUSTES »

Parfois, la guerre est un mal nécessaire. Les hommes doivent prendre les armes ensemble pour défendre leur liberté et lutter contre de grandes injustices. Quand un gouvernement despotique brutalise la population, lorsqu'un pays étranger veut envahir un territoire, les partisans de la liberté préfèrent lutter par la force au risque de perdre la vie.

Bonaventure, tu veux jouer avec moi ?
Non, j'ai horreur des petits soldats...
La guerre, c'est pour les crétins !
PAF
Hé !!!
PIF
Et la paix, c'est pour les lâches !
BRUTE!
¡IDIOT!
TROUILLARD!
C'est tout de même terrible, ces jeux de guerre...

À LA GUERRE, TOUS LES COUPS NE SONT PAS PERMIS !

Les nations ont inventé des « règles » pour limiter les dégâts. Par exemple, quand on fait des prisonniers, on a l'obligation de bien les traiter : non seulement on ne les torture pas, mais on les garde dans des conditions décentes en respectant leur dignité ! Quand un ennemi lève un drapeau blanc, il veut discuter ou faire la paix ; on ne lui tire pas dessus et on accepte le dialogue ! Enfin, on n'attaque jamais les civils (les non-militaires). Bien sûr, à chaque fois, il y a des soldats qui violent ces accords. Ils peuvent être jugés et punis devant une cour internationale pour « crimes de guerre ».

VOCABULAIRE

Les **DIPLOMATES** sont des gens qui ont pour métier d'éviter les guerres entre leur pays et les autres. Ils sont habiles dans l'art de **NÉGOCIER**, de discuter pour résoudre les querelles. Parfois, la **DIPLOMATIE** échoue. L'un des pays adresse un **ULTIMATUM** à son adversaire : il lui ordonne d'accepter ses exigences. Quand ce dernier refuse, c'est la guerre : les pays deviennent des **BELLIGÉRANTS**, des combattants ennemis.

HISTOIRE

QUAND DES COUSINS SE DÉCLARENT UNE GUERRE DE CENT ANS !

En 1337, le roi de France Charles IV meurt ; il n'a pas de fils pour lui succéder. Son cousin Philippe de Valois est désigné pour le remplacer. Oui, mais… le roi d'Angleterre, Edouard III, réclame la couronne de France sous prétexte qu'il est aussi un cousin ! Sa demande est refusée, et Philippe de Valois est couronné sous le nom de Philippe VI.

Or Edouard III d'Angleterre possède la Guyenne, au sud-ouest de la France. Comme tous les seigneurs qui gouvernent une région, il doit jurer fidélité au roi de France. Le voilà obligé de s'agenouiller devant Philippe VI en signe de respect ! Edouard III se sent profondément humilié, et déclenche une guerre contre son cousin. Cette guerre va durer plus de 100 ans ; avec des trêves, mais aussi avec de grandes batailles meurtrières, gagnées tantôt par la France, tantôt par l'Angleterre. En 1453, les Anglais sont finalement chassés de France !

Pourquoi, parfois, on a envie de ne rien faire ?

Quand tu ne fais rien, tu es en fait très occupé : tu te reposes, tu rêves, tu penses au passé, tu réfléchis. On a tous besoin, parfois, de s'accorder un petit moment de pause, un repos. Ils n'ont rien compris ceux qui croient que dans ces cas-là, tu fais seulement le paresseux !

ÇA ME FATIGUE DE TRAÎNER MON OMBRE !

Les paresseux ont mauvaise réputation ; on dit qu'ils ont un « poil dans la main », une expression péjorative. C'est vrai qu'il y a des gens très doués pour ne pas se bouger ; ils aiment se faire servir et laisser les autres agir à leur place. Néanmoins, on a tous des moments de flemme normaux et compréhensibles. Parfois, cela fait du bien de prendre une pause entre deux efforts !

QUAND TU NE FAIS RIEN, TU FAIS ENCORE QUELQUE CHOSE

En fait, c'est difficile de ne rien faire. Regarde Bonaventure. Il a travaillé comme quatre pour construire sa machine à flemmarder ! Maintenant qu'il se repose, il réfléchit sûrement à la prochaine machine, celle qui le portera au lit en lui mettant son pyjama tout en lui brossant les dents… Quand tu « ne fais rien », tu rêves, tu ris avec tes amis, tu te promènes sans but et cela te fait découvrir des tas de choses.

UN TEMPS POUR LA PARESSE ET UN TEMPS POUR L'EFFORT

L'idéal est d'alterner le repos et le travail. D'ailleurs, les adultes ont tout prévu pour toi. Dans ta journée d'école, il y a des récréations ; dans ta semaine, il y a des week-ends ; dans ton année, il y a des vacances ! Tout le monde est d'accord : les moments pour s'aérer l'esprit sont essentiels. Grâce à eux, on se remet efficacement au travail… et on y trouve même du plaisir.

Les gens ne se rendent pas compte...
... de l'énergie que ça peut demander...
... de ne rien faire !

L'INACTIVITÉ, C'EST LA MORT !

« Quand j'étais commandant de bateau, raconte Robert, l'un de mes pirates était paresseux comme pas deux. Quand c'était son tour d'éplucher les patates ou de laver le pont, il avait le mal de mer et se couchait dans son hamac, comme par hasard ! J'ai fini par me fâcher. Je l'ai enfermé à fond de cale. "Comme ça, tu vas pouvoir te reposer pendant un mois, mon gaillard" lui ai-je dit ! Au bout de deux jours, il m'a appelé à grands cris. C'était la torture pour lui de ne rien faire, un vrai cauchemar, il voulait sortir ! Il était prêt à éplucher 1 500 patates et à laver le bateau de la cale jusqu'en haut des mâts ! »

Un **FAINÉANT** est un paresseux : il fait « néant », il ne fait rien ! Son contraire est un **HYPERACTIF**, un **BOURREAU DE TRAVAIL**, qui n'arrête pas de travailler. L'**OISIVETÉ**, le fait de ne pas travailler, est parfois agréable. Mais quand on est trop oisif, on finit par **SE TOURNER LES POUCES**, par s'ennuyer. Dans ce cas, il vaut mieux **REPRENDRE LE COLLIER**, se remettre au travail.

VOCABULAIRE

HISTOIRE

GASTON LAGAFFE OU LES INVENTIONS GÉNIALES D'UN GRAND FLEMMARD

Connais-tu Gaston Lagaffe ? C'est le plus grand paresseux de tous les temps, le plus sympathique flemmard de la terre ! Un vrai modèle pour Bonaventure, car il passe son temps à mettre au point des trucs pour ne rien faire. Ses inventions lui demandent beaucoup de travail et d'énergie ! Par exemple, il crée tout un système de cordes qui relient la porte de son bureau à sa tête. Comme cela, il peut faire la sieste sur sa table de travail ; quand son patron ouvre la porte pour entrer, ça tire la corde et ça lui relève automatiquement la tête afin de faire croire qu'il est en pleine activité ! Si tu veux d'autres bonnes idées de ce style, tu peux toujours lire les BD de Gaston Lagaffe… C'est un inventeur génial !

Est-ce qu'on peut être *amis pour toujours* ?

Les amis, c'est pour la vie… Émilien, Bonaventure et Julie savent bien qu'ils sont inséparables. Pourtant, parce que tout le monde change, que certains nous trahissent parfois, que la vie nous éloigne, on peut perdre ses amis.

COPAINS DE CLASSE, AMIS DE CŒUR

Bonaventure a plein de copains : des camarades avec lesquels il s'entend bien. Ils passent ensemble de bons moments, en récréation ou aux goûters d'anniversaire. Mais il a seulement deux amis : Julie et Émilien. Les amis sont les personnes que l'on aime le plus. On peut compter sur eux à tout moment ; on partage avec eux des passions fortes, des secrets défense ! En général, les vrais amis, on les compte sur les doigts d'une seule main…

À LA VIE, À LA MORT ?

Tu rêves de garder tes meilleurs amis pour toujours. Peut-être auras-tu cette chance ? Les amis d'enfance sont presque comme des frères et sœurs, avec tous les souvenirs qu'on a en commun. Cependant, la vie sépare beaucoup d'amis. Quand on grandit, on change. Les amis changent aussi, mais différemment. Un jour, on s'aperçoit qu'on n'a plus grand-chose à partager. Cela ne veut pas dire qu'on oublie tout ce qu'on a vécu ensemble !

LES AMIS QUE TU NE CONNAIS PAS ENCORE

Déménagements, disputes : la vie te réserve sans doute des surprises qui bousculeront tes amitiés les plus solides. Il ne faut pas en être triste. D'autres amis t'attendent quelque part, même si tu ne les connais pas encore. Avec eux aussi, il faudra faire des efforts chaque jour pour devenir un « meilleur ami » : l'amitié est un trésor qui se cultive !

Vous êtes mes amis pour toujours !
?
À la vie, à la mort !
Ça me touche, Bona' !
Et en tant qu'ami, il faut que je t'avoue...
?
... que c'est moi qui ai cassé ta Gamestation !
Mais tu avais dit « amis à la vie » !
Et à la mort !

LES DISPUTES ENTRE AMIS

Les disputes avec un ami sont parfois violentes comme une tornade… et peuvent être fréquentes. Les amis sont les personnes avec qui l'on passe le plus de temps : comme entre frères et sœurs, la proximité crée des étincelles ! En plus, on partage des choses fortes : aventures, secrets, passions. Les déceptions et les trahisons font d'autant plus mal. On peut blesser un ami proche bien plus gravement qu'une personne lointaine. Cela arrive… mais ne signifie pas que l'amitié est finie. Les meilleurs moments, dans ces conflits, restent ceux où l'on se réconcilie !

VOCABULAIRE

Émilien, Julie et Bonaventure s'entendent **COMME LARRONS EN FOIRE**, ils sont complices ! Autrefois, les larrons étaient les voleurs qui s'associaient pour détrousser les passants au marché (à la foire). Aujourd'hui, l'expression est restée dans le langage courant, même si Julie et ses amis ne sont pas des pickpockets ! Est-ce que tu as une **BANDE**, un groupe d'amis **SOUDÉS**, liés par une amitié très forte ?

HISTOIRE

QUAND DES AMIS ÉTERNELS DEVIENNENT ENNEMIS MORTELS

Henri II, roi d'Angleterre, est fougueux et colérique. Il ne ressemble pas à son meilleur ami, Thomas Becket, un jeune homme fin et brillant, qui réfléchit beaucoup et parle doucement. Ce qui ne les empêche pas d'être inséparables. Leur amitié est légendaire. Henri a nommé Thomas chancelier du royaume, ils gouvernent ensemble.

Henri II est dominateur. Or il y a en Angleterre une chose qui échappe à son pouvoir : l'Église, qui dépend du pape. Habile, le roi nomme Thomas archevêque de Canterbury, chef de l'Église en Angleterre dans le but de la contrôler à travers son meilleur ami ! Seulement, Thomas se rebelle contre son plan. Il aurait honte de servir de pion pour satisfaire l'appétit de puissance du roi. Être ami, ce n'est pas accepter n'importe quoi ! Devant le refus de Thomas, Henri passe de l'amitié à la haine. Thomas doit fuir l'Angleterre. Quand il y reviendra six ans plus tard, en 1170, le roi fera lâchement assassiner son ancien meilleur ami, devenu son pire ennemi !

Pourquoi est-ce difficile de garder un secret ?

Quand on sait quelque chose que tout le monde ignore, on a parfois envie de le répéter… simplement pour montrer qu'on en sait plus ! Seulement, les amis sont ceux qui méritent notre confiance, en gardant pour eux ce qu'on leur a dit. Alors, mieux vaut rester bouche cousue… sauf si tu comprends que la confidence qui t'est faite est un appel à l'aide.

CES SECRETS QUI FONT LE TOUR DE LA TERRE

Même quand un secret n'a rien d'extraordinaire, il intrigue parce qu'il cache un mystère. Les curieux adorent raconter des mystères, et les répéter parfois en les déformant. C'est difficile de tenir sa langue ! On a beaucoup d'occasions de trahir un secret : on peut le révéler sans le faire exprès (par étourderie), pour se rendre intéressant (par bêtise), pour se moquer ou faire du tort à celui qui a confié le secret (par méchanceté).

CHUT !

Garder un secret, c'est difficile, mais c'est beau et précieux comme l'amitié. Quand tu confies un secret à un(e) ami(e), c'est la meilleure preuve de confiance que tu puisses lui donner. Si cet ami trahit ton secret, cela te fait mal, tu te rends compte que tu ne peux pas complètement compter sur lui. Les vrais amis sont ceux qui savent garder les secrets.

TRAUMATISANTS COMME DES CAUCHEMARS

Certains secrets sont graves, et trop lourds à porter tout seul. Ils mettent des personnes en danger. Ils pourrissent la vie parce qu'ils créent des clans entre ceux qui sont au courant et ceux qui ne le sont pas, parce qu'il y a des mots ou des noms qu'on n'a pas le droit de prononcer. C'est important de ne pas garder ces secrets-là pour soi. Surtout si cela peut sauver quelqu'un. Cela peut arriver… même si heureusement, la plupart des secrets sont plutôt rigolos, comme celui dont parle Julie !

Hé, Bona !
Émilien m'a dit en secret...
... qu'il savait que tu m'avais dit...
... le secret qu'il t'avait dit...
... de ne surtout pas me dire !
Mais il m'a fait jurer...
... de ne pas te le répéter !
Donc, ne lui dis rien, d'acc ?!
Hein !?!

QUAND ON S'AIME, EST-CE QU'ON SE DIT TOUT ?

Tu as l'impression que tes parents te cachent des choses. C'est vrai. Et c'est normal ! Cela ne veut pas dire qu'ils ne t'aiment pas. Au contraire, c'est pour te protéger, t'éviter des inquiétudes inutiles ou des réflexions d'adultes qui ne t'intéresseraient pas.

Toi aussi, tu caches des choses à tes parents. Dans ta chambre, tu as un endroit où tu ranges des secrets : journal, boîte à trésors… Ces secrets sont une part de toi-même que tu choisis de montrer ou de cacher même aux personnes que tu aimes le plus. Ils montrent que tu es libre d'avoir ton intimité, ton espace de mystères personnels, ton jardin secret.

Quand un secret est connu de tous, il devient un **SECRET DE POLICHINELLE**, un faux mystère : Polichinelle est une marionnette qui ne sait pas garder les secrets. Parfois tes copains t'énervent parce qu'ils font des **CACHOTTERIES**, ils se murmurent des secrets en faisant trop de chichis !

Si une personne te menace ou te propose un cadeau pour que tu gardes un secret, elle te fait du **CHANTAGE**.

VOCABULAIRE

HISTOIRE

SAMSON, L'HOMME QUI PAYA CHER SON SECRET

Doué d'une force invincible, Samson accomplit maints exploits. Son peuple se bat contre les Philistins qui perdent toutes les batailles à cause de ce guerrier exceptionnel. Il leur faut éliminer Samson. Mais comment tuer un tel héros ? Les Philistins s'arrangent pour que Samson rencontre Dalila, une très belle espionne. Il en tombe fou amoureux. Dalila le presse de questions pour qu'il lui révèle le secret de sa force : « Depuis ma naissance, ma mère ne m'a jamais coupé les cheveux. Ma force est dans ma longue chevelure ! » La nuit suivante, Dalila profite du sommeil de Samson pour lui couper les cheveux… Les Philistins se jettent sur lui et en font un esclave. Mais les cheveux de Samson repoussent sans qu'ils y prêtent attention… Un jour, Samson, enchaîné aux colonnes d'un gigantesque temple, les écarte de toutes ses forces. Elles se brisent ; le bâtiment s'écroule sur Samson et ses ennemis !

Pourquoi les garçons aiment-ils embêter les filles ?

Peut-être parce que les filles aiment bien ça ! Les garçons et les filles sont différents, ils n'ont pas forcément les mêmes jeux, et moins ils se connaissent, plus ils ont envie de découvrir qui est l'autre. Bonaventure a raison : une fille, pour un garçon, ça peut être aussi tout simplement un super copain !

LES AUTRES, CES ÉTRANGERS

Souvent, à ton âge, les garçons et les filles ne se mélangent pas. Dans la cour de récréation, il y a une tribu de filles d'un côté et une tribu de garçons de l'autre : chaque clan regarde l'autre comme si c'était une troupe d'extraterrestres ! Quand les deux groupes se parlent, c'est pour se titiller ou pour se disputer. Es-tu sûr que ce sont toujours les garçons qui attaquent les premiers ? Les filles savent le faire, aussi !

OUH, LES PEUREUSES !

Tout petit on découvre que les garçons et les filles, « ce n'est pas pareil ». Cette différence crée de la curiosité et aussi de l'agacement. Les garçons mettent des étiquettes sur les filles : ce sont des chipies, ça pleure pour un rien, c'est trouillard et pas dégourdi ! Les filles aussi ont des idées toutes faites sur les garçons : ça ne sait pas réfléchir, ça donne des coups de pied et ça espionne dans les toilettes !

SE MOQUER OU S'APPRÉCIER ?

Heureusement, la réalité est plus riche que ces idées limitées. Il y a des filles comme Julie avec qui on peut faire des bêtises et jouer aux pirates. Il y a des garçons avec qui on peut avoir des discussions passionnantes. Quand on arrive à devenir amis, les garçons se battent moins et les filles font moins d'histoires… Chacun gagne au contact de l'autre !

Y en a marre, vous n'êtes vraiment que des gamins !
Haha, qu'est-ce que c'est nul les filles !
C'est clair !

EST-CE QU'UN GARÇON A LE DROIT DE PLEURER ?

Beaucoup pensent que les larmes sont réservées aux filles. Cela n'a pas toujours été le cas : autrefois, les hommes pouvaient pleurer sans honte. Dans les romans d'Alexandre Dumas, les héros pleurent souvent à chaudes larmes, c'est même une preuve de sensibilité ! Aujourd'hui, les garçons osent rarement pleurer en public. Surtout, si tu vois un garçon pleurer, ou même un papa, ou même un grand-père, ce n'est pas la peine de te moquer, ce serait extrêmement grossier. Les garçons ont le droit d'avoir de grands chagrins et de les exprimer comme ils veulent.

VOCABULAIRE

Les garçons ont des idées **PRÉCONÇUES**, des idées toutes faites, sur les filles : on dit encore des **PRÉJUGÉS** ou des **CLICHÉS**. Mais les filles le leur rendent bien ! Tous les garçons ne sont pas **MACHOS**, bêtement fiers d'être des « mecs ». Et il y a aussi des filles **SEXISTES**, qui établissent bêtement une différence de valeur entre les garçons et les filles ! Entre garçons et filles, c'est dommage de se regarder en **CHIENS DE FAÏENCE**, d'un air froid et méfiant !

HISTOIRE

PÉNÉLOPE, OU COMMENT UNE FEMME EMBÊTE DES HOMMES QUI L'EMBÊTENT

Pénélope est la femme d'un grand voyageur, Ulysse, parti il y a vingt ans pour la guerre. Depuis qu'il a quitté Ithaque, Pénélope n'a aucune nouvelle. À cette époque de l'Antiquité grecque, le téléphone n'existe pas ! Or Pénélope est une femme belle et intelligente. De nombreux hommes rêvent de l'épouser. Ils viennent la voir chaque jour pour la convaincre qu'Ulysse est mort. Pénélope aime son mari et le croit vivant. Fatiguée par ces prétendants qui la harcèlent, elle finit par leur dire : « Je vais broder une tapisserie. Quand j'aurai fini mon ouvrage, si Ulysse n'est pas rentré, j'accepte de me remarier ». La belle Pénélope se met au travail… mais chaque nuit, elle défait ce qu'elle a brodé dans la journée. La tapisserie n'avance pas vite ! Les prétendants exaspérés n'y comprennent rien, puisqu'ils la voient sans cesse au travail. Pénélope sourit… et Ulysse a le temps de rentrer bien avant que la toile ne soit brodée.

Pourquoi est-ce difficile de faire la paix ?

Pour fumer le calumet de la paix, il faut faire beaucoup de choses : reconnaître ses torts, et aussi admettre que l'autre a le droit de se tromper ; et encore demander pardon, et pardonner aussi. Cela demande parfois du temps, et toujours un effort...

DISCUTER AVEC CES BRUTES ? JAMAIS !

Faire la paix exige de déposer les armes et de discuter. Quand on déteste son ennemi et qu'on lui en veut mortellement, c'est difficile. Cela suppose aussi que chacun reconnaisse ses torts : un exercice douloureux ! Si les ennemis ne le font pas, il suffira d'une étincelle pour rallumer la guerre. Émilien et Bonaventure ont cessé la bagarre sans se pardonner. Résultat ? Leur paix n'a pas duré longtemps !

FAIRE LA PAIX, RESTER EN PAIX...

Puisqu'il est difficile de se réconcilier, l'idéal est de ne jamais se battre... Mais ce n'est pas évident. En France, on vit en paix depuis plus de 60 ans et cette situation nous paraît naturelle. Pourtant, garder des relations de bonne entente avec les autres pays ne se fait pas tout seul : c'est un effort continu.

UN TRÉSOR FRAGILE

Quand on pense à des pays en guerre depuis tellement longtemps, on pourrait désespérer de la paix. Il faut cependant regarder les efforts qui sont faits partout, souvent grâce à l'ONU (Organisation des Nations unies). C'est une association chargée de maintenir la paix entre les peuples ; elle regroupe la plupart des pays. Souvent elle échoue, un peu comme Julie... mais sans elle, il y aurait beaucoup plus de guerres, plus meurtrières.

Y a but !
Non, ça compte pas !
Si !
Non !
Doucement !
Ça ne vaut pas le coup de se disputer pour si peu !
Votre amitié n'est-elle pas plus forte que ça ?
C'est vrai ! Excuse-moi Bona', il n'y a pas but !
Mais si, mais si ! On le compte !
Non non, tu n'étais pas prêt, ça jouait pas !
Si ! Ton tir était très beau, ça compte !
Et moi je te dis que mon tir était trop haut !
Mais noooon !
Mais siiiii !
Non !
Y a pas but !
Si, y a but !
Non !
Si !

SI VIS PACEM, PARA BELLUM

Ce proverbe latin signifie : « Si tu veux la paix, prépare la guerre. » Non, cette formule bizarre n'est pas folle ! Un pays qui « prépare la guerre » en entretenant des soldats compétents et des armes efficaces est un pays qu'on n'a pas forcément envie d'envahir : il se montre capable de se défendre. Du coup, la paix est maintenue. On appelle cela, d'une manière plus moderne, la « force de dissuasion », la puissance qui ôte l'envie d'attaquer. La dissuasion ne marche pas toujours. Un pays qui prépare la guerre est inquiétant, et ses ennemis peuvent préférer l'attaquer en premier tant qu'il n'est pas encore trop fort...

VOCABULAIRE

Quand on décide de faire la paix quelques jours au milieu d'une guerre, c'est une **TRÊVE** ou un **CESSEZ-LE-FEU**. Cela permet de **NÉGOCIER**, de dialoguer. Si les discussions sont efficaces, si l'un des pays est prêt à **CAPITULER**, à se rendre, on peut signer un **ARMISTICE** qui déclare les hostilités suspendues. Toutefois, la guerre n'est pas finie avant la signature d'un **TRAITÉ DE PAIX**, qui est l'accord définitif entre les combattants.

HISTOIRE

DEUX ENNEMIS DEVIENNENT AMIS

En 1870, 1914 et 1940, la France et l'Allemagne se livrent trois guerres sanglantes.

À première vue, les deux pays sont des ennemis irréconciliables ! De plus, à la fin de la dernière guerre, les hommes qui arrivent au pouvoir ont connu de près les batailles. En France, le général de Gaulle a été l'organisateur de la Résistance contre l'Allemagne. De l'autre côté du Rhin, le nouveau chef du gouvernement, Konrad Adenauer, vient d'une région qui a été momentanément occupée par les Français en 1945, en punition contre l'Allemagne... De Gaulle et Adenauer ont toutes les raisons de se haïr, pourtant ils souhaitent que la guerre n'ait plus jamais lieu entre leurs pays ! En 1957, six pays lancent de grands programmes d'amitié et de coopération pour construire une paix solide en Europe : la France, l'Allemagne, la Belgique, l'Italie, les Pays-Bas et le Luxembourg. Cette association va s'élargir au fil des ans. Aujourd'hui, ce rapprochement s'appelle l'Union européenne.

Pourquoi est-ce que je me mets en colère ?

Ce qui est énervant, c'est quand les choses ne se passent pas comme on le voudrait. Parfois on dirait même qu'il se produit exactement l'inverse de ce qu'on espérait. Dans ce cas-là, tu fais comme tout le monde : tu exploses. La colère, c'est un bon moyen de savoir à qui et à quoi tu tiens vraiment… à condition d'apprendre à te contrôler.

QUAND LA VIE N'EST PAS FACILE

Aujourd'hui, Bonaventure a eu une mauvaise note, Julie s'est fâchée contre lui, et son équipe de foot a perdu. Alors, son stylo qui ne marche pas est comme une goutte d'eau qui fait déborder un vase trop plein. Il se met en colère, il en veut aux choses et aux gens ! Toi aussi, cela t'arrive peut-être de voir rouge, d'avoir les mains qui te démangent quand plus rien ne va : tu as envie de cogner ou de casser quelque chose !

LES EXPLOSIFS ET LES BOUDEURS

Il y a des caractères plus ou moins colériques. Chez certaines personnes, la colère arrive d'un coup, elle est violente et difficile à maîtriser. D'autres personnes ne se mettent jamais en colère. Elles réagissent en boudant, elles essaient de cacher leur nervosité. Ce n'est pas forcément plus facile, ni pour elles, ni pour leur entourage !

JUSTES COLÈRES

Il y a des mauvaises colères qui font devenir agressif sans raison, qui font dire des choses blessantes, ou qui font mal physiquement. Si tu es tout le temps furieux, c'est mauvais signe, cela veut dire que tu ne vas pas bien. Mais parfois, tu peux entrer dans une « saine colère » face à une injustice, contre quelqu'un qui a été trop bête ou trop méchant. C'est une preuve que tu n'es pas indifférent et que tu veux changer les choses.

Raaaah, mais...
tu vas marcher, oui ?!
Grr !
C'est bon, tu as gagné...

COMMENT MAÎTRISER UNE COLÈRE ?

La colère fait parfois du bien… et parfois du mal. Si tu prononces des mots blessants, tu peux casser une amitié et faire de la peine à des gens que tu aimes. C'est dommage… d'autant plus que tu ne penses pas ce que tu dis : tu es dépassé par ta mauvaise humeur !
La première chose à faire pour canaliser tes colères, c'est d'apprendre à mettre les mots justes sur ce que tu ressens, pour ne pas devenir explosif et excessif. Tu peux aussi t'enfermer dans ta chambre en écoutant ta musique préférée, ça passera peut-être ! Sinon, va faire un tour dehors en courant, en sautant, en respirant profondément. Le plein air, le sport et la musique sont de bons médicaments contre la colère !

VOCABULAIRE

Les gens colériques sont **IMPULSIFS**, leur colère démarre soudainement sans qu'ils réfléchissent. Ils prennent la mouche, ils se vexent tout d'un coup, et ils réagissent **AU QUART DE TOUR**, en un clin d'œil ! On dit d'une personne colérique qu'elle est très « **SOUPE AU LAIT** ». Cela signifie que sa colère peut naître brutalement… et disparaître aussi vite.

HISTOIRE

LA COLÈRE FOUDROYANTE DU ROI CLOVIS

En 486, le roi des Francs, Clovis, gagne la bataille de Soissons. Après la victoire vient l'heure de partager le butin : tous les combattants, du roi jusqu'au dernier des soldats, reçoivent leur part. Or parmi ce trésor, il y a un vase précieux. Le roi demande à ses soldats : « M'autorisez-vous à prendre ce vase en plus de ma part, pour le rendre à l'évêque de Reims ? » Tous acceptent de bon gré… sauf un, qui entre dans une colère noire : « Ce n'est pas parce que tu es roi qu'on doit te favoriser ! » Arrachant à Clovis le splendide vase, il le jette à terre de toutes ses forces… et le casse ! Cette colère va lui coûter la vie. En effet, un an plus tard, le roi Clovis inspecte ses troupes. Il arrive devant le soldat qui s'était fâché. Clovis n'a rien oublié. À son tour, il sent la colère lui monter à la tête. Il examine le soldat d'un regard noir. « Tes armes sont mal astiquées ! » siffle-t-il en les jetant à terre. Le soldat se baisse pour les ramasser.
Le roi Clovis lui assène alors un coup sur le crâne en disant : « Souviens-toi du vase de Soissons ! »

Pourquoi est-ce qu'on aime les blagues ?

Dans la vie, le rire est une des meilleures choses. L'avantage des blagues, c'est qu'elles se partagent : quand on te les a racontées, elles t'ont bien fait rire ; toi, tu vas pouvoir les raconter à ton tour. Il y a toutefois des plaisanteries pas drôles du tout… et d'autres qui te demanderont aussi d'apprendre à rire de toi-même.

DU SOLEIL DANS LA JOURNÉE

Le rire fait du bien. Il rend la vie légère, drôle, pétillante. Même et surtout quand on a des soucis, les blagues nous détendent. Tu aimes raconter ou écouter des histoires drôles, faire des farces, imiter la maîtresse, te moquer du directeur, de tout ce qui est sérieux. Tout le monde a besoin de rire, même les gens les plus raisonnables. Autrefois, les rois avaient leurs « fous », des clowns chargés de les distraire et de leur faire oublier les tracas du gouvernement !

HUMOUR ET MÉCHANCETÉ

Entre amis, le rire fait passer des moments inoubliables qui renforcent l'amitié. C'est génial de rire ensemble… sauf si c'est sur le dos des autres. Julie, Bonaventure et Émilien peuvent bien se jouer des tours : ils sont trop amis pour se blesser. En revanche, ce serait méchant de jeter du poil à gratter sur un camarade moins proche. Les blagues ne sont pas drôles quand elles ont pour but de vexer les gens.

EST-CE QU'ON PEUT RIRE DE TOUT ?

On peut rire de choses très sérieuses. Certaines personnes savent rire même sur la mort, d'une manière vraiment drôle, qui aide à alléger nos angoisses devant la fin de la vie. Mais ces blagues-là ne sont pas amusantes dans toutes les circonstances. Elles seraient mal placées le jour d'un enterrement. Il y a des moments pour rire et des moments pour être sérieux ; c'est important d'être assez fin pour les reconnaître.

Poil à gratter
Hé hé hé !
Pchhh
Hi hi hi, c'était trop drôle !
BOUH!!!
AH!
Poil à gratter
Ha ha, super drôle !

POURQUOI EST-CE QUE JE ME VEXE QUAND ON ME FAIT DES BLAGUES ?

Les blagues te semblent drôles quand elles sont faites sur les autres. Si un plaisantin exerce son humour sur toi, c'est tout de suite moins amusant ! Tout le monde est comme toi. C'est un apprentissage de savoir rire de soi-même. Il faut d'abord reconnaître ses défauts, et ne pas se prendre trop au sérieux. Quand on y arrive, on a un sens de l'humour confirmé, et on n'a pas fini de rire ! Mais même dans ce cas, on préfère faire les blagues soi-même.

VOCABULAIRE

Les plaisanteries les plus fines sont racontées par les **PINCE-SANS-RIRE**, les gens qui ne rient pas en racontant leurs histoires. C'est mal de faire de l'humour **AUX DÉPENS** d'une personne, en la rabaissant. Elle devient la **RISÉE** du groupe, tout le monde se moque d'elle ; la **DÉRISION** n'est pas drôle, c'est une moquerie qui humilie. Quand on fait des blagues sur des sujets tristes ou graves, c'est de **L'HUMOUR NOIR**… à manier avec précaution. Une blague peut être fine ou **TRIVIALE**, grossière.

HISTOIRE

RIRE EST LE PROPRE DE L'HOMME

François Rabelais fait partie des « humanistes » : on appelle ainsi les écrivains et les savants qui ont fait beaucoup avancer la pensée et les sciences au cours du XVIe siècle.

Un monsieur sérieux, ce François Rabelais ? Bien sûr, il sait l'être ! Toutefois il a choisi de mettre ses talents d'écrivain au service du rire. Il invente l'histoire de deux incroyables géants, le père et le fils : Gargantua et Pantagruel. Gourmands, blagueurs et vraiment drôles, ces deux héros emmènent le lecteur dans des aventures farfelues. Rabelais, si érudit, va jusqu'à décrire les pets de ses géants ! Pour lui, le sérieux et la tristesse n'ont pas de place dans les livres… Tout au début de son histoire, il invite ses lecteurs à oublier tous leurs soucis pour lire ce roman où ils n'apprendront rien de raisonnable. Dans une phrase restée célèbre, il dit que « rire est le propre de l'homme » : ce qui caractérise les hommes, c'est leur capacité à faire des blagues et à s'en amuser de bon cœur !

c'est quoi la honte ?

On espère tous ressembler à des super-héros. Toutefois, il arrive qu'on se retrouve dans des situations où on réagit exactement comme on ne voudrait pas : on rate son coup, on est égoïste ou simplement… trop nul ! Quand tu n'as pas été à la hauteur de tes prétentions, tu ressens de la honte. Ce sentiment désagréable peut te servir pour faire mieux la prochaine fois…

JE SUIS NUL !

Tu ressens de la honte quand tu t'es mal comporté ou que tu as raté ton but. Comme Bonaventure, tu as chaud aux joues, elles deviennent toutes rouges ; et tu rêverais de disparaître sous terre pour que les autres t'oublient… Cela t'arrive souvent, surtout si tu es de ceux qui mettent la barre haut, qui sont exigeants envers eux-mêmes. Dans ce cas, tu as honte à la moindre bêtise. C'est une grande qualité… qui n'est pas toujours confortable !

NE REGARDEZ PAS CE QU'IL Y A DERRIÈRE !

Tout le monde a des qualités et des défauts. On aimerait tous ne montrer aux autres que des qualités, et on fait de gros efforts pour paraître formidables. On cache soigneusement ses défauts. Parfois les autres nous voient sous notre « mauvais jour ». Alors on a honte ; on est triste de décevoir nos amis, on souffre de leur réaction amusée ou désolée.

LA HONTE COMME UNE LEÇON

On peut aussi avoir honte sans qu'il y ait de spectateurs. Si tu triches en classe ou que tu voles à un copain une image de sa collection, il se peut que personne ne découvre ce que tu as fait. Mais toi, tu le sais ; tu ne te sens pas brillant, tu es déçu de toi-même. Dans ce cas, la honte est une punition que tu t'infliges tout seul… tu aurais pu éviter de te mettre dans cette situation. Il n'est jamais trop tard pour mieux faire !

Hé, salut Pauline... Popo l'intello !
Comment tu vas, serpent à lunettes ?
Ha ha !
Ha haa, suuuuper marrant !
Oui, c'est vrai !
Hu hu hu, quelle nulle !
Hé hé...
Heu... Pauline ? Tu... Tu veux partager mon goûter ?
Snif ?
J'ai préféré Harry Trotteur !
Ha oui, moi aussi ! Surtout le 4 !
Tu as lu « Le seigneur des agneaux » ?
Carrément, j'adore !!!

LA TIMIDITÉ N'EST PAS DE LA HONTE !

Tu es appelé au tableau pour réciter une poésie. Le rouge te monte aux joues, tu as très chaud, et tu rêves de devenir invisible… C'est exactement ce que l'on ressent quand on a honte, mais là c'est autre chose : tu n'as rien fait de mal. C'est de la timidité, on appelle aussi cela le « trac ». Les plus grands acteurs connaissent cela : ils sont parfois paralysés avant de jouer leur rôle ! Le trac est un manque d'assurance. Tu n'es pas sûr de toi, tu doutes d'y arriver. Respire un grand coup et lance-toi. Les premières secondes sont les plus difficiles mais tout va bien se passer !

VOCABULAIRE

Parfois on fait une **GAFFE**, on dit aussi qu'on **COMMET UN IMPAIR** : c'est une parole maladroite, **IRRÉFLÉCHIE**, qui nous échappe et qui blesse quelqu'un d'autre. On s'en rend compte juste un peu trop tard et on a honte. Quand la maîtresse prend un élève en **FLAGRANT DÉLIT** de tricherie, juste au moment où il cherche à la tromper, il a honte. On a tous des **DÉFAILLANCES**, des moments de faiblesse, personne n'est parfait.

HISTOIRE

DREYFUS, POUR QUI LA HONTE ?

Janvier 1895. Le capitaine Alfred Dreyfus est accusé d'avoir fourni des renseignements aux espions allemands. Jugé pour haute trahison, il est dégradé : on lui arrache ses insignes d'uniforme, on lui brise son sabre, c'est une terrible humiliation. Ensuite « le traître » est envoyé au bagne ! Or Dreyfus est innocent ; les preuves contre lui sont truquées. Il est juif et l'antisémitisme (la haine des juifs) est répandu à cette époque. Dans un article retentissant, le grand écrivain Émile Zola dénonce la machination, sous le titre de « J'accuse ! ». En 1898, on fait sortir Dreyfus du bagne pour un deuxième procès. Il est encore jugé coupable car ses juges ne veulent pas reconnaître leur erreur. Il ne sera acquitté qu'en 1906 ! Il a retrouvé sa fierté d'innocent ; c'est au tour de ses opposants d'avoir honte.

Est-ce que le vrai courage, *c'est de ne pas avoir peur* ?

Nous avons tous peur de quelque chose.
Même les grands artistes ont peur avant d'entrer sur scène !
On peut avoir peur et pourtant ne pas manquer de courage.

!

LA PEUR C'EST PLUS FORT QUE SOI

La peur n'est pas quelque chose de facile à contrôler. Le cœur semble cesser de battre ou au contraire bat à tout rompre, les jambes deviennent molles, les mains tremblent, les dents claquent, on ne peut plus parler, ni bouger ! Comme le dit Émilien, on ne choisit pas d'avoir peur. Au début la terreur est plus forte que soi, comme une bête sauvage impossible à maîtriser.

QUAND LE COURAGE DOMPTE LA PEUR

Quand Émilien a dû affronter le loup-garou de monsieur Glas, il a réagi avec courage en protégeant ses amis, malgré la peur. Souvent, la peur paralyse ou bien déclenche des réactions de panique, d'agressivité que l'on regrette ensuite parce qu'elles ne font qu'aggraver la situation. Le courage transforme la peur en bonne énergie. C'est une force qui donne de l'audace pour agir en dépit du danger.

RIRE DE SES PEURS

Après coup, c'est bien aussi de pouvoir rire de ses peurs avec les autres. Surtout que beaucoup sont sans raison. Chaque soir, avant de se coucher, certains enfants ont besoin de regarder sous leur lit, dans tous les placards et recoins de leur chambre pour vérifier qu'un monstre ne s'y cache pas ! Parler et se moquer de ses peurs permet de les apprivoiser.

Oh non ! Mon ballon est tombé dans le jardin des voisins !!!
Et voilà Titan !
WAH! WAH! WAH! WAH! WAH!
Je vais te le chercher !
Mais c'est trop dangereux, Émilien !
WAH WAH
Ça me fait pas peur !
Eh bien ne comptez pas sur moi pour y...
Crrr
... alleeeeer ?!
GRRR
¡¡¡HH WAF
WAH
AAAHH
Tu as été tellement courageux, Bonaventure !
Bah, c'était rien !

COMMENT DEVIENT-ON COURAGEUX ?

On ne naît pas courageux, on le devient. Le courage est à la portée de tous mais il faut s'entraîner, s'exercer au quotidien. La volonté d'agir dans les petites choses de la vie prépare au courage pour de plus grands exploits. Certains matins, il en faut de l'énergie pour se lever, pour aller à l'école, etc. Cette force peut aller jusqu'au courage de résister, de parler, de dire ce que l'on pense, de changer les choses au péril de sa vie.

Tu peux aussi commencer par « jouer à avoir peur », en te donnant des frissons, confortablement installé dans ton lit avec un bon roman d'aventures !

VOCABULAIRE

Certains ont peur des serpents, d'autres ont peur du noir, de se tromper, de perdre au jeu, d'être puni, d'être seul et la plupart ont peur d'un accident, de la maladie, de la mort… Certaines peurs portent des noms : l'**ARACHNOPHOBIE** désigne la peur des araignées, l'**AGORAPHOBIE**, la peur de la foule, la **CLAUSTROPHOBIE**, la peur d'étouffer. Toutes les peurs ne sont pas faciles à identifier. L'**ANGOISSE** c'est quand on a peur sans savoir de quoi on a peur.

HISTOIRE

GIOVANNI FALCONE, LE GRAND COURAGE DU PETIT JUGE

Dans le sud de l'Italie, sur une île qu'on appelle la Sicile, vivaient de terribles bandits qui volaient, pillaient, tuaient… Leur organisation est appelée la mafia. Tout le monde en avait peur et personne n'osait rien dire, ni résister. Un jour, il y a eu un homme pour dire : « Ça suffit ! Ça ne peut plus durer ! » Il était juge et s'appelait Giovanni Falcone, on le surnommait « le petit juge », parce qu'il était petit de taille et qu'au début il était seul à vouloir se battre contre l'organisation au péril de sa vie. Il est devenu l'ennemi numéro 1 de la mafia et un combattant légendaire. Il a été assassiné le 23 mai 1992 avec sa femme et ses gardes du corps. Son courage a servi de déclencheur en Italie : les Italiens n'avaient plus peur et ont continué à se battre contre la mafia. Il suffit parfois qu'un seul homme soit courageux pour que d'autres le deviennent à sa suite. La peur est contagieuse, mais le courage aussi !

Pourquoi a-t-on peur de vieillir ?

Robert n'est pas si vieux, mais il ne peut plus monter à l'abordage comme un jeune pirate. Et même si vieillir veut dire qu'on se rapproche de la mort, et que ça fait un peu peur, ce n'est pas une maladie ! Au contraire, un grand-père comme Robert, c'est précieux pour inventer des histoires, et se souvenir des batailles du temps jadis.

PEUR DE S'ABÎMER

Connais-tu l'expression : « Être dans la force de l'âge » ? Cela signifie être jeune. Autrement dit, quand on devient vieux, on a moins de force. Le corps s'use. Une personne âgée a souvent des problèmes pour voir, pour entendre, pour marcher. Parfois, sa mémoire fonctionne mal. C'est tout cela qui fait peur à l'avance. On se dit : « Est-ce que moi aussi, j'aurai ces soucis ? »

PEUR DE NE PLUS PLAIRE

Tu as remarqué ? Les héros dans les films ou la publicité sont toujours de beaux jeunes gens. Dans notre société, la jeunesse est un idéal : on pense qu'il faut être jeune pour être séduisant… et utile, aussi. Du coup, on finit par se dire : « Quand je serai vieux, je ne plairai plus à personne. Pour un peu, on me mettrait à la poubelle ! »

PLUS PRÉCIEUX QU'UN BUTIN DE PIRATE

Mettre Robert à la poubelle ? Jamais de la vie ! Émilien et ses copains le savent : c'est une grande chance d'avoir un vieil ami. Maintenant qu'il est pirate à la retraite, il a tout son temps pour s'occuper des enfants, répondre à leurs petites et grandes questions, leur raconter des histoires. Il a envie de leur transmettre ce qu'il sait. Et il en a vu des choses, au cours de son existence aventureuse… Cette malle pleine d'expériences est un trésor qui accompagnera toujours ses protégés.

Dis mamie, ça fait quoi d'être vieille ?
Être vieille ?
Eh bien... ça fait que je suis toujours un peu fatiguée...
J'ai mal un peu partout aussi... Et je tremble beaucoup.
Ah, et j'ai toujours un peu froid !
?!
Je me demande ce que ça fait de vieillir !
Bof... C'est juste comme avoir un rhume !
?!

À QUEL ÂGE DEVIENT-ON VIEUX ?

Émilien se dit que sa baby-sitter est presque une « vieille ». De son côté, elle considère que la maman d'Émilien est âgée. Pourtant Marine a l'impression d'être jeune, surtout lorsqu'elle se compare avec ses vieux voisins ! La vieillesse est « subjective », chacun s'en fait une idée différente en fonction de son âge.
De toute façon, Robert le sage dirait : « La vieillesse ? Pffft ! question d'attitude ! » Il y a des jeunes qui sont rabougris dans leur tête. Ils s'imaginent qu'ils savent tout, qu'ils ont tout vu, tout entendu. Inversement, il y a des gens âgés qui restent curieux et ouverts aux autres. Ils pensent qu'ils ont encore plein de choses à apprendre, et savent s'émerveiller devant la nouveauté. Ils sont « jeunes d'esprit ».

VOCABULAIRE

Aujourd'hui en France, on est **À LA RETRAITE** à 62 ans : on arrête de travailler. Dans nos pays riches, l'**ESPÉRANCE DE VIE**, le nombre des années qu'on peut espérer vivre, ne cesse de s'allonger. On ne peut pas mettre dans la même tranche d'âge un jeune papy de 60 ans et un arrière-grand-père de 99 ans ! Du coup, l'expression **3ᴱ ÂGE**, désignant les plus de 60 ans, ne suffit plus. On a dû ajouter à la liste **4ᴱ ÂGE** pour parler de la grande vieillesse.

HISTOIRE

UN VIEIL ENCHANTEUR

Tu as sûrement entendu parler de Merlin l'Enchanteur. Un dessin animé, tiré de l'histoire des chevaliers de la Table ronde, évoque ce royaume où il n'y a plus de roi… Une prophétie dit que celui qui arrivera à tirer une épée figée dans un bloc de pierre, sera digne d'être couronné.
Kay est un jeune seigneur costaud : tout dans les bras, rien dans la tête ! Il daigne à peine regarder son petit frère Arthur, maigre comme un fil et haut comme trois pommes… Seulement, Arthur devient le protégé du vieux Merlin à la longue barbe blanche. En quelques drôles de leçons, l'Enchanteur lui apprend tout ce qu'il faut savoir sur la vie, sur le courage, sur l'amour… Qui mieux qu'un vieil enchanteur plein d'expérience, de sagesse et d'humour, pourrait transmettre tout cela à Arthur ? À la fin de l'histoire, lorsque le « moustique » arrache l'épée de son socle, il a tout ce qu'il faut dans le cœur pour devenir le légendaire roi Arthur !

Pourquoi aime-t-on les films qui font peur ?

C'est bien quand on a peur au cinéma, on a une émotion forte… mais sans danger. Le héros doit réussir à surmonter les épreuves qui nous effraient plus que tout, cela finit bien… et tu peux te dire que tu y arriveras toi aussi, un jour. En plus, cela te permet, à la sortie du cinéma, de rire avec tes copains de ta peur des araignées, des requins… ou du noir !

TOUT LE CONTRAIRE DE L'ENNUI !

Quand tu étais petit, tu aimais les histoires de sorcières, de loups ou autres monstres. Aujourd'hui, tu aimes bien les films qui font peur. La musique te donne des frissons ; le suspense (l'incertitude sur la suite de l'histoire) te fait battre le cœur à cent à l'heure, que du bonheur ! Les héros du film affrontent les pires dangers et frôlent souvent la mort. On ne voit jamais cela dans la vie ; si bien qu'on n'a pas une seconde pour s'embêter, même quand le film dure deux heures !

PEUR POUR DE FAUX

L'avantage du cinéma, c'est que c'est pour de faux. L'histoire te fait peur, mais ce n'est qu'une histoire. Du coup, elle permet de te défouler. Eh oui ! Ta peur au cinéma peut t'aider à avoir moins peur dans la réalité. Ce qui est terrifiant, c'est ce qui n'a pas de nom, pas d'image. Grâce au film, tu mets des images sur tes inquiétudes. Et tu les surmontes lorsque le héros gagne son combat et que tout se termine bien !

HANTÉ PAR LE FILM

Parfois tu fais des cauchemars : le film a éveillé en toi des peurs inconnues. Inutile de te forcer à regarder un film si tu sais qu'il va te traumatiser. Mieux vaut ouvrir un bon livre plein de suspense. Frayeurs garanties aussi ! Au moins, tu pourras toujours faire des pauses aux passages les plus inquiétants. Au cinéma, impossible de rallumer les lumières !

J'adore les films d'horreur !
J'ai pas peur des requins !
Ni des araignées géantes !
Ni des tueurs au couteau !
Ni des loup-garous !
CLAC
AAAAAH !!!
Gla gla gla...
Hmm... Peur du noir ?

LA FÊTE D'HALLOWEEN

Le 31 octobre a lieu Halloween, la fête des sorcières, des fantômes et des citrouilles grimaçantes. Inventée aux États-Unis, elle a connu un certain succès en France. Pourtant, Halloween n'a rien de très appétissant avec ses déguisements laids à faire peur. Mais c'est comme au cinéma : les enfants qui fêtent Halloween aiment jouer à se plonger dans l'épouvante, parce que c'est pour de faux, et que cela permet de dompter des peurs qu'on a au fond de soi. Julie, qui déteste les araignées, se déguise toujours en mygale. Elle terrorise ses sœurs et cela lui permet de se rassurer elle-même !

VOCABULAIRE

Pour désigner les films plein de suspense qui font peur aux spectateurs, les Anglais ont inventé le mot **THRILLER** (autrement dit « qui donne des frissons »). Les **FILMS D'HORREUR** sont pires que les thrillers, ce sont de vrais cauchemars. D'ailleurs, ils sont interdits aux enfants ! Si tu as peur au cinéma, répète-toi que c'est de la **FICTION**, une histoire inventée. Il y a des **EFFETS SPÉCIAUX**, des trucages pour rendre les scènes plus spectaculaires.

HISTOIRE

LE MONSTRE LE PLUS CÉLÈBRE DE L'HISTOIRE DU CINÉMA

Un jeune savant, le docteur Frankenstein, se lance dans une expérience terrible. Rassemblant comme un puzzle des morceaux de cadavres, il essaie de créer un homme. Et cela fonctionne ! Ce que le docteur n'a pas prévu, c'est que sa créature est un monstre de violence, prêt à tuer et à détruire…

Cette histoire tirée d'un roman anglais a inspiré plusieurs films. Le premier, qui est aussi le plus célèbre, date de 1931. C'est un film en noir et blanc. L'acteur qui joue le monstre, Boris Karloff, est la plus grande vedette horrifique de l'histoire du cinéma. Pourtant, le maquillage, les bruitages et les décors ont fait depuis beaucoup de progrès. Les films plus récents sur Frankenstein sont techniquement bien meilleurs mais ils ne font pas plus peur ! Cela montre qu'un film d'épouvante ne doit pas tout aux effets spéciaux. Sous le maquillage, il y a le talent des acteurs. Boris Karloff a habité son rôle de monstre avec une puissance jamais égalée… peut-être se faisait-il peur lui-même ?

L'homme peut-il détruire la Terre ?

Aujourd'hui, nous avons suffisamment de bombes atomiques pour faire exploser la Terre entière. Et puis nous prenons tellement peu soin de notre planète qu'elle est malade... L'homme est le plus dangereux de ses habitants. Toutefois, il est aussi le terrien le plus inventif : il essaye de trouver les moyens de réparer les catastrophes naturelles et celles qu'il a provoquées...

UN TABLEAU NOIR

Comme nos trois amis, tu as entendu parler de tout ce qui pouvait endommager la Terre. La pollution abîme la nature et modifie le climat. La chasse et la pêche excessives, ainsi que la destruction des forêts mettent en danger de nombreuses espèces animales et végétales. Comme si cela ne suffisait pas, l'homme a inventé des armes effrayantes, capables de pulvériser des pays entiers en un éclair. Quel cauchemar !

RASSURE-TOI !

Si jamais ils détruisaient la Terre, les hommes disparaîtraient aussi. Ils se soucient donc de protéger l'environnement. Les industries n'ont pas le droit de travailler n'importe comment, elles doivent suivre des règles strictes pour respecter la nature. Les scientifiques cherchent des énergies non polluantes qui pourraient remplacer le pétrole puisque ses réserves sont limitées. Quant aux armes de destruction massive, les gouvernements évitent soigneusement de les utiliser ! La bombe atomique n'a pas servi depuis que les États-Unis ont frappé le Japon en 1945 à Hiroshima et Nagasaki.

LES POUR, LES CONTRE, UN BON ÉQUILIBRE

Par son ingéniosité, l'homme modifie sans cesse les conditions de vie sur la Terre. Il ne peut pas toujours mesurer les conséquences de ses découvertes. Il y a des savants et des industriels qui veulent aller toujours plus loin dans le progrès, et des écologistes qui réclament la prudence. C'est bien que le débat reste ouvert : la recherche peut avancer... dans le respect de la planète.

Rangez la chambre !
Il y a trop de voitures !
Trop de fumées...
Trop de déchets !
Résultat : tout ça risque de...
... détruire la Terre !
Ouf !
Heureusement que tu as réagi à temps !

ET SI ON ESSAYAIT DE VIVRE COMME AUTREFOIS ?

Autrefois, il n'y avait pas de voitures, pas d'usines, pas de centrales nucléaires, pas d'engrais chimiques dans les champs, etc. Certaines personnes rêvent de revenir à cette vie « naturelle ». Oui… mais la voiture permet d'aller à la rencontre d'autres personnes éloignées. L'électricité des centrales permet de s'éclairer, de faire rouler le train et fonctionner mille autres choses. Les stations d'épuration qui « puent » permettent de nettoyer l'eau et nous évitent d'attraper des maladies infectieuses. Les engrais actuels permettent de développer les rendements agricoles. Aujourd'hui, nous sommes 6 milliards d'hommes. On ne pourrait pas nourrir tout ce monde avec les maigres champs d'autrefois…

VOCABULAIRE

Les **PUISSANCES NUCLÉAIRES** sont les pays dotés de la bombe atomique. Elles sont peu nombreuses.

L'**ÉCOLOGIE**, le souci de la nature, est une question de **BON SENS** : n'importe qui peut comprendre qu'il faut protéger la Terre. Mais il ne faut pas être simpliste, en disant qu'on doit arrêter le progrès. Il faut faire des progrès malins : par exemple exploiter des **ÉNERGIES RENOUVELABLES** qui n'épuisent pas les ressources de la terre.

HISTOIRE

LE PRIX NOBEL OU LES REMORDS D'UN INVENTEUR

En 1867, le Suédois Alfred Nobel invente la dynamite, un explosif transportable sans danger. Auparavant, il fallait prendre d'infinies précautions pour manier les explosifs : ils s'enflammaient au moindre choc. La dynamite va désormais éviter de nombreux accidents mortels. Elle va permettre de creuser en toute sécurité des tunnels, des puits, etc. Hélas… elle va aussi devenir une arme effroyable. Nobel le sait et s'en désole. Sa découverte va servir à tuer, à détruire des monuments, à gagner des guerres. Il ne peut rien faire contre cela. Sauf un geste symbolique. À sa mort en 1896, Nobel laisse un testament étonnant. Son immense fortune servira à récompenser chaque année les cinq personnalités qui auront rendu les plus grands services à l'humanité. Recevoir le prix Nobel est un immense honneur pour un savant ou un écrivain, un homme ayant agi en faveur de la paix.

Faut-il sauver les pandas ?

On pourrait très bien vivre sans pandas… On n'en a besoin ni pour manger, ni pour s'habiller, ni pour éliminer des bestioles nuisibles. N'empêche que si ces gros nounours noirs et blancs disparaissaient complètement, tu ne pourrais plus rêver des forêts de bambou de la Chine. La diversité des espèces, c'est quand même bien, non ?

ILS MEURENT, ET ALORS ?

Depuis qu'il y a de la vie sur la terre, des espèces animales apparaissent… puis disparaissent, quand elles n'arrivent plus à s'adapter à leur milieu de vie. Par exemple, au cours de la préhistoire, les dinosaures n'ont pas réussi à évoluer pour résister aux changements du climat, et ils ont disparu. Ce ne fut pas un drame pour les hommes, d'ailleurs ils n'existaient pas encore ! Alors on pourrait se dire : tant pis pour les espèces en danger, on s'en passera.

DISPARITION À VITESSE GRAND V

Normalement, l'évolution des espèces se déroule avec une grande lenteur, sur des centaines ou des milliers d'années. Or aujourd'hui, à cause de la pollution, de la chasse et de la pêche massives, de la destruction des forêts, certaines espèces sont très vite menacées. C'est embêtant parce que tous les animaux sont utiles à d'autres animaux : si certains disparaissent d'un coup, l'équilibre de la nature est menacé.

CHASSE INTERDITE !

Conscients de la dégradation de l'environnement, certains hommes se sentent responsables de la sauvegarde des animaux en danger. Dans beaucoup de pays, les lois ont limité la chasse et la pêche. On a créé des réserves naturelles où les animaux sauvages sont spécialement protégés.

WWF
Ben quoi ?
On préserve les pandas !

LA RÉINTRODUCTION DES ESPÈCES

Les amoureux de la nature rêvent souvent de réintroduire des espèces sauvages dans des régions où elles ont disparu. Leur rêve n'est pas toujours partagé ! Par exemple, dans les montagnes du Mercantour au sud-est de la France, les chasseurs avaient tué le dernier loup dans les années 1940. En 1992, une vingtaine de loups italiens ont migré dans le parc du Mercantour ; aujourd'hui, on compte une soixantaine d'individus. De violentes disputes opposent les éleveurs de moutons qui veulent protéger leurs troupeaux et les défenseurs des loups. C'est un peu la même chose avec les ours dans les Pyrénées.

VOCABULAIRE

C'est important de respecter l'**ÉCOSYSTÈME**, le fonctionnement de la nature : il faut protéger la **FAUNE**, les animaux, et la **FLORE**, les plantes. Il existe des **QUOTAS** de chasse et de pêche pour chaque espèce : on a le droit d'en tuer sans dépasser un certain nombre. Chaque animal fait partie d'une **CHAÎNE ALIMENTAIRE** : il peut être un **PRÉDATEUR** à un moment (il chasse pour manger), et devenir une **PROIE** à un autre (il est mangé à son tour). Si une espèce disparaît, ses prédateurs risquent de mourir de faim… et d'autres espèces vont **PROLIFÉRER**, devenir envahissantes, ce qui pose aussi un problème.

HISTOIRE

LES ALERTES DU COMMANDANT COUSTEAU

En 1951, le commandant Jacques-Yves Cousteau lance son fameux bateau Calypso à la découverte des océans. C'est le début d'une fabuleuse exploration sous-marine.

En cinquante ans d'activité, il constate les dégâts de la pollution sur les plantes et les animaux sous-marins. À quelques années d'intervalle, il tourne deux films au même endroit. Dans le premier, on admire des fonds pleins de plantes multicolores et de poissons magnifiques… dans le second, l'endroit est devenu un désert, à cause du carburant et des déchets que des milliers de bateaux lâchent dans la mer chaque jour…

Cousteau devient l'un des plus célèbres défenseurs des mondes sous-marins. La vie des océans est « invisible », puisqu'elle se déroule dans les profondeurs. Cependant elle est essentielle à l'équilibre de la planète, puisque les mers couvrent la plus grande partie de la surface du globe.

Pourquoi porte-t-on des maillots de bain ?

Depuis la préhistoire, les gens mettent des vêtements, et pas seulement pour se protéger du froid. Quand tu caches aux yeux des autres une partie de ton corps, tu leur dis que c'est « ton affaire ». Tu as bien raison, c'est ce qu'on appelle la pudeur ! Néanmoins s'habiller, pour Julie, c'est aussi une autre façon d'attirer le regard… même quand elle n'enfile qu'un petit bout de tissu.

CECI N'EST PAS UNE EXPOSITION !

Le corps n'est pas un objet quelconque. Cela ne te gêne pas de voir une poupée nue, parce qu'elle est en plastique. Mais tu n'aurais pas idée de te montrer nu(e) dans la rue ; et tu serais embarrassé(e) si d'autres le faisaient. Certaines parties du corps, le sexe surtout, sont « intimes ». Cela ne veut pas dire qu'elles sont honteuses, mais qu'on choisit soigneusement les gens à qui on les montre. Les adultes ne les dévoilent qu'à leur amoureux ou leur amoureuse, et bien sûr à leur docteur.

PAR ÉGARD POUR LES AUTRES

Tout le monde n'a pas le même besoin de cacher les parties intimes : certaines personnes sont plus décontractées que d'autres. Cela dépend aussi de l'âge. À mesure que tu grandis, ta pudeur grandit aussi. Puisque certains sont plus gênés que d'autres par la nudité, il faut faire attention à ne pas les choquer. C'est par respect pour les autres que tous les plagistes portent un maillot, même ceux qui n'en éprouvent pas absolument le besoin.

UN MAILLOT POUR ÊTRE BEAU

Cacher certaines parties de son corps, c'est une autre façon de les mettre en valeur ! À la plage, personne ne te demande de t'emballer dans un sac. Au contraire : comme Julie, tu peux mettre un joli maillot pour être agréable à regarder. D'ailleurs, comme tous les habits, le maillot obéit à des modes : on le choisit noir ou multicolore, une-pièce ou deux-pièces… En tout cas, même très joli, il est réservé à la plage (ou la piscine). Julie n'a jamais porté son gracieux bikini ni en classe ni en ville !

Tu as remarqué ?
Il y a un truc quand même bizarre...
Avec certains habits...
... plus le tissu est petit...
Et plus...
... c'est joli !

LA PUDEUR VARIE SELON LES PAYS

Dans les pays occidentaux, il est naturel de se mettre en maillot de bain. Il y a des pays où l'on ne s'expose pas ainsi au regard des autres. Par exemple, les Indiennes se baignent vêtues de leur sari. Jamais elles ne se mettent en maillot, d'autant plus que les épaules, en Inde, ne se montrent pas en public.
À l'inverse, il y a des cultures où l'on est encore moins gêné qu'en France au sujet de la nudité. En Europe du nord, on se rend nu dans les saunas publics. Même chose au Japon avec les bains chauds, et dans les pays arabes où l'on pratique des bains de vapeur appelés hammams. Reste que les saunas, les bains chauds et les hammams ne sont pas forcément mixtes !

VOCABULAIRE

Tu as de la **PUDEUR**, tu n'as pas envie de montrer tout ton corps à n'importe qui. Tout le monde est comme toi ; enfin, presque ! Car certains aiment vivre nus, ce sont les **NATURISTES** ou **NUDISTES**. Ils n'ont pas le droit de se promener n'importe où. Ils ont des plages réservées. Ailleurs, se montrer dénudé en public est un délit appelé **ATTENTAT À LA PUDEUR** : la police peut arrêter les **EXHIBITIONNISTES**, les gens qui montrent leur sexe en public.

HISTOIRE

LE MAILLOT DE BAIN, UNE INVENTION RÉCENTE

Avant le xxe siècle, il n'était pas habituel de se baigner dans la mer. La plupart des gens ne savaient même pas nager. Le maillot n'existait donc pas. De plus, chez les élégants, il était mal vu d'avoir le teint bronzé : c'était réservé aux paysans qui travaillaient dans les champs. De toute façon, pour aller à la plage, il faut avoir des vacances. Or cela n'existait pas. En France, les travailleurs ont obtenu le droit de prendre des vacances en 1936 quand le gouvernement a créé les congés payés, une période d'absence au travail pendant laquelle on continue à recevoir son salaire.
C'est alors que les Français ont découvert les joies de la plage… et la mode des costumes de bain. Ils étaient encore très pudiques. Les femmes portaient une combinaison qui couvrait les épaules, et les jambes jusqu'à mi-cuisse ! On est ensuite passé au maillot une-pièce. C'est après la Seconde Guerre mondiale que le deux-pièces a fait son apparition.

Les requins sont-ils *méchants* ?

Le requin qui dévore un baigneur ne sait pas qu'il interrompt d'un coup de dents une vie bien remplie – et qu'il va faire de la peine à beaucoup de monde. Les requins, quand ils ont une petite faim, ils ne pensent à rien d'autre qu'à trouver à manger ! Mais toi, tu n'es pas un animal. Et quand tu fais quelque chose, tu as le devoir de te demander si cela risque de faire du mal…

C'EST PAS JUSTE !

Lorsqu'un requin tue sa proie, il ne serait pas « méchant » ? Alors que toi, on t'accuse de méchanceté quand tu donnes un tout petit coup de pied à ta sœur… Il y a de quoi être dégoûté, comme Émilien et Bonaventure qui regrettent de ne pas avoir une vraie mâchoire de prédateur !

TOI, TU SAIS CE QUI EST BIEN

Le requin tue parce qu'il a faim. Le chien mord parce qu'il a été dressé à être agressif. Les animaux ne peuvent pas s'empêcher de faire ce qu'ils font. Toi, tu peux te maîtriser. Même si c'est difficile de retenir un accès de colère, tu es libre de faire mal ou non. Quand tu as envie de donner un coup de pied, tu sais que ce n'est pas gentil. Une petite voix te le dit dans ta tête, elle s'appelle la conscience. Les animaux n'ont pas de conscience morale, ils réagissent à l'instinct. Ils ne savent pas se poser de questions sur le bien et le mal.

UN AILERON DE REQUIN BIEN CUIT, S'IL VOUS PLAÎT !

Les hommes tuent aussi des animaux (y compris des requins) pour les manger. Ce n'est pas par méchanceté, car ils ont aussi besoin de viande pour vivre ! Ce qui est méchant, c'est de mettre un animal à mort pour rien. Certains trouvent du plaisir à faire souffrir des animaux, ou bien pire, d'autres êtres humains. On appelle cela la cruauté, c'est la méchanceté poussée à son plus haut degré.

Mais… Les requins sont des espèces protégées !
Protégés ou pas, vous êtes privés de goûter !
Pff, j'ai faim !
Hum …
grouiik
grôô
On aurait dû en manger un !

LES ANIMAUX ONT-ILS DES SENTIMENTS ?

Il arrive qu'un chien « pleure » quand son maître le quitte. À son retour, le chien jappe de contentement ! Un animal peut être malheureux ou heureux, selon la manière dont on le traite. Les bêtes éprouvent donc des émotions, des sentiments très simples qui n'ont pas la profondeur des sentiments humains. L'admiration, le mépris, l'espérance, le désespoir, la vanité ou la modestie… ne sont que quelques exemples de sentiments propres à l'espèce humaine. De plus, les hommes ont souvent des sentiments compliqués, mélangés : par exemple, ils peuvent aimer et haïr une personne en même temps !

VOCABULAIRE

Quand on croit qu'un animal est bon ou méchant, on fait de l'**ANTHROPOMORPHISME** : on attribue aux animaux des sentiments humains. En réalité, les animaux sont **AMORAUX**, ils ne connaissent pas les règles du bien et du mal ; ils obéissent à leurs **INSTINCTS**, à leurs réflexes, sauf nos animaux familiers à qui nous avons appris ce qui est autorisé et ce qui est interdit. Alors que l'homme peut être moral (il veut et fait le bien) ou immoral (il veut et fait le mal).

HISTOIRE

JEAN DE LA FONTAINE ET SA FARANDOLE D'ANIMAUX

Le poète Jean de la Fontaine, qui a vécu de 1621 à 1695, a écrit des fables célèbres dans lesquelles on rencontre une foule d'animaux qui parlent à merveille, et qui éprouvent les mêmes sentiments que les hommes.

Tu connais sûrement quelques-unes de ces bêtes presque humaines : la cigale et la fourmi, le loup et l'agneau, le corbeau et le renard, le rat des villes et le rat des champs, ou encore les deux pigeons… Ces animaux sont cruels ou bons, généreux ou avares, rusés ou honteux, malins ou naïfs, etc. En fait, ces fables servent à illustrer des comportements humains. La Fontaine voulait décrire des scènes qui arrivent entre les hommes ; pour leur donner plus de saveur et de couleur, il les a transposées dans le monde des bêtes.

Pourquoi s'ennuie-t-on parfois ?

Quand on ne sait pas quoi faire, le temps semble plus long. Si une chose ne nous semble pas intéressante, on n'a ni l'envie, ni la patience pour la faire. Et il y a aussi des moments où il ne se passe rien. Est-ce qu'il existe un moyen de rendre tout ce « temps perdu » beaucoup plus intéressant ?

DES JOURNÉES TOUTES PAREILLES

Comme Émilien, tu détestes t'ennuyer. On s'ennuie quand on traîne sans but, tout est pareil qu'hier et avant-hier. Quand tu t'ennuies, tu rêves d'avancer le temps, par exemple jusqu'à ton prochain anniversaire, ou jusqu'aux vacances, voire jusqu'à la rentrée, parce qu'on peut aussi s'ennuyer en vacances.

PERDRE DU TEMPS POUR EN GAGNER PLUS TARD

Imagine un monde où tout changerait sans cesse. Tu finirais par perdre la tête ! Il est bon d'avoir des temps forts et des temps morts dans une journée. Les moments vides te donnent l'impression de perdre ton temps ? En fait, ils préparent des moments forts. Quand tu voyages en voiture, le temps est interminable… mais si c'est pour arriver dans un super lieu de vacances, ça vaut la peine.

ÉCHAPPE-TOI !

Sais-tu que l'ennui a du bon ? C'est un temps pour développer ton imagination, et aussi pour te reposer. Lorsque tu es en voyage, que tu déjeunes entre des adultes qui ont des conversations difficiles et trop sérieuses, ou que tu es dans ta chambre sans savoir quoi faire, tu n'as qu'à réveiller ton imagination qui dort. Invente-toi des histoires, pense à des choses que tu aimes. Quand on est passionné, on ne s'ennuie plus !

PAF
Parfois, j'en fais trop à la fois...
Mais sinon, je m'ennuie !
Aïe !

EST-CE QU'ON A TOUS DE L'IMAGINATION ?

Tous les hommes ont la capacité de se faire des films dans leur tête pour sortir un instant de la réalité. L'imagination est d'abord nourrie par ce que l'on vit en famille, à l'école, avec ses copains. Plus tu lis de livres, plus tu vois de bons films, plus tu écoutes de belles musiques, plus tu apprends de choses en classe, plus ton imagination s'enrichit !

Même si tout le monde est capable de rêver, il y a des gens plus ou moins imaginatifs. Certains n'aiment pas sortir du quotidien, ils préfèrent garder toujours les pieds sur terre. D'autres déchaînent sans cesse leur imagination… parfois trop : ils confondent leurs rêves avec la réalité !

VOCABULAIRE

On s'ennuie quand on a l'impression de vivre dans la **ROUTINE**, avec des journées toutes pareilles et des activités qui se répètent. C'est normal que le **QUOTIDIEN**, la vie au jour le jour, n'apporte pas que des moments **EXALTANTS**, absolument formidables. Parfois, l'ennui est le signe d'une **DÉPRIME**, il montre qu'on est malheureux. Quand on a un **COUP DE BLUES**, de cafard, on n'a plus envie de rien faire et on s'ennuie.

HISTOIRE

ARCHIMÈDE DANS SA BAIGNOIRE

Le savant grec Archimède est en train de prendre un bain. Il réfléchit à un problème mathématique. Dans une baignoire, d'habitude, on laisse son esprit dériver, on pense à tout et à rien, on s'ennuie même un peu et c'est bien agréable ! Archimède regarde distraitement ses bras. Soudain, son regard brille. Il s'écrie : « Eurêka ! » (en grec, « J'ai trouvé »), et bondit hors de sa baignoire.

Archimède vient de faire l'une des découvertes les plus célèbres de l'histoire des sciences. En regardant ses bras flotter, il vient de comprendre une chose : « Tout corps plongé dans l'eau subit une poussée de bas en haut, égale au poids de l'eau déplacée ».

Même si tu ne comprends pas encore la signification de cette loi, tu peux faire la même expérience. Regarde tes bras flotter dans ton bain, légers comme des plumes !

Bref, l'inactivité fait parfois faire de grandes découvertes. Une chose est sûre : ce jour-là, les voisins d'Archimède ne se sont pas ennuyés. L'histoire dit que le savant, sous le coup de l'émotion, a couru tout nu dans la rue !

Mon ordinateur est-il plus intelligent que moi ?

Le champion du calcul et le roi des fautes d'orthographe, le meilleur aux jeux vidéo et le prince des échecs, c'est l'ordinateur de Bonaventure. Mais il ne l'est pas devenu tout seul… Il a fallu un homme sacrément intelligent pour inventer un outil aussi futé. Et l'intelligence, c'est aussi plein d'autres choses, qui n'ont rien à voir avec le calcul, comme l'intuition, l'imagination… ou le cœur.

ÉCHEC ET MAT !

Bonaventure a encore un peu de travail avant de gagner aux échecs. C'est un jeu qui exige du calcul, chose qu'un ordinateur maîtrise. Le champion russe Kasparov réussit à battre les logiciels les plus performants. Pour Bonaventure, tous les espoirs sont permis ! En attendant, l'ordinateur peut l'aider à s'entraîner. Enfin, avec le bon coup de batte qu'il a reçu, il va être moins en forme maintenant…

UNE MÉMOIRE SANS CŒUR

Un ordinateur dispose d'une gigantesque capacité à emmagasiner les informations. Il est rapide comme l'éclair pour les reconnaître et les connecter entre elles. Cependant l'intelligence est autre chose qu'un disque dur. Elle réunit la réflexion, l'imagination, la créativité, la capacité à s'adapter… et la sensibilité : on parle de l'intelligence du cœur. Bref, elle n'appartient qu'aux hommes, et même si Bonaventure n'a pas un cerveau surdimensionné, son ordinateur ne fait pas le poids face à lui.

LES SORCIERS DE L'INFORMATIQUE

Bien sûr, il existe des superprogrammes. Derrière eux se cachent des superprogrammeurs capables de les inventer, de les faire évoluer, de les réparer quand ils « buggent » (prononcer « beugue »)… Les informaticiens passent leur temps à imaginer des logiciels toujours plus performants : ce sont eux les vrais « cerveaux » !

ECHEC
ET MAT
Mon ordinateur me bat toujours aux échecs !
Mais au baseball...
Je l'écrase !!!

POURQUOI Y A-T-IL DES ADULTES QUI DISENT QUE LES JEUX VIDÉO « T'ABRUTISSENT » ?

Tu trouves sans doute qu'ils exagèrent. Sauf si c'est toi qui exagères le temps que tu y passes. Rester scotché à une console du matin au soir, c'est abrutissant. Néanmoins les jeux vidéo développent tes réflexes, ta concentration. Construction, pilotage, aventures en tout genre, les jeux offrent une diversité que les adultes connaissent moins que toi. Quand ils avaient ton âge, ça n'existait pas ! Alors à toi d'être raisonnable… n'oublie pas de te défouler physiquement entre deux jeux, pour garder la forme et les pieds sur terre !

Quand on fait des recherches sur Internet, on **SURFE SUR LE WEB** : on survole plein d'informations comme les surfeurs qui glissent sur les vagues. Il faut faire attention aux **VIRUS**, des programmes informatiques qui sont transmis à ton ordinateur par des mails que tu reçois : une fois sur le disque dur, ils s'ouvrent automatiquement et détruisent les fichiers ! L'ordinateur fonctionne selon un système **NUMÉRIQUE** : tout est codé en chiffres. D'ailleurs, en anglais, on dit « computer » qui signifie « calculateur ».

VOCABULAIRE

HISTOIRE

QUAND INTERNET RACONTE DES BÊTISES

Thomas commence un exposé sur la Révolution française.

– Autrefois, la France était gouvernée par un roi. C'était un régime injuste mais équitable, le roi était bon et méchant. C'est pourquoi la révolution a éclaté : les révolutionnaires ont raison de faire la guerre à tort. Louis XVI a été guillotiné en 1791, en 1792, en 1793.

La maîtresse interrompt l'exposé.

– Thomas ! Tu te rends compte que tu dis des choses contradictoires ?

– Mais j'ai trouvé ces informations sur Internet !

La maîtresse sourit avec indulgence.

– Sur Internet, on trouve des choses intelligentes et des erreurs grossières. N'importe qui peut créer son site, écrire ce qu'il veut dessus, donner son opinion ; les auteurs ne sont pas tous des spécialistes et leurs opinions peuvent être fausses. Quand tu fais un exposé, il faut vérifier dans un dictionnaire ou dans des livres sérieux ce que tu as trouvé sur Internet. Sinon, tu apprendras tout et son contraire !

Est-ce que je suis beau ?

Certains jours, Julie se sent moche. Mais il suffit d'un sourire d'Émilien et d'un compliment de Bonaventure pour qu'elle se trouve de nouveau très belle ! Pourtant, elle n'a pas changé de tête. Tu ne peux pas savoir dès le premier coup d'œil dans un miroir si tu es beau, parce que ta beauté dépend aussi du regard… des autres.

Miroir, ô mon miroir…

Parfois, comme Julie, tu te regardes dans le miroir en te posant plein de questions sur toi-même. Certaines choses t'étonnent ou t'agacent : ta taille, ou ton poids, ou tes dents, ou ton nez. Tout le monde a le sentiment d'avoir des défauts physiques. Cela donne des complexes, des sentiments désagréables sur soi.

Tu te connais trop bien

Seulement, dans la glace, tu ne te vois pas comme les autres te voient. Forcément ! Tu te connais trop bien depuis que tu es tout petit ; comment pourrais-tu juger ton physique ? Comme Julie, comme tout le monde, tu as tendance à être dur envers toi-même. Quand tu as des complexes, c'est ta façon de voir qui te déprime, mais elle n'a rien à voir avec la réalité.

Devant tes amis, tu es toi-même

Tes copains, eux, ne te voient pas devant un miroir. Ils te voient en vrai, en train de rire, de jouer, de courir. Devant eux, tu es toi-même… plus que devant le miroir, où tu te regardes attentivement d'un air figé ! Tes copains te trouvent beaucoup de charme parce qu'ils te voient au naturel. Ils te trouvent beau ou belle même si tu n'as pas un physique de star (eux non plus !). On trouve toujours beaux les gens qu'on aime, là est l'essentiel !

Trop petite...
Trop grande !
Trop maigre !
Trop grosse !
Julie !
Hey !
Vous êtes mes deux miroirs préférés !

TU LES TROUVES SI BEAUX QUE ÇA ?

Parfois, tu regardes des posters ou des couvertures de magazine. Les stars qui sont en photo dessus sont considérées comme des gens beaux parce qu'ils sont grands, bronzés, musclés pour les garçons ou toutes fines pour les filles. Pas la peine de les envier ! La beauté, ce n'est pas seulement cela. Elle est indéfinissable, on ne peut pas la réduire à une liste de caractéristiques physiques. Elle vient surtout d'une façon d'être, de se comporter, de parler, de sourire et de regarder les autres ! Dans ce domaine, les stars ne sont pas mieux placées que toi !

VOCABULAIRE

Tu n'as pas sur toi un regard **OBJECTIF**, extérieur. Tu as un regard **SUBJECTIF**, tu te regardes de l'intérieur... et ce n'est pas possible pour toi de te juger. Julie s'examine **SANS COMPLAISANCE**, sans sympathie. Elle se **DÉPRÉCIE**, elle se trouve bien plus laide qu'elle n'est. L'essentiel est d'être **SPONTANÉ**, naturel. C'est comme cela que tes amis te trouvent beau même si tu ne corresponds pas aux **CANONS DE LA BEAUTÉ**, aux critères de la beauté qui de toute façon changent selon les pays et les époques.

HISTOIRE

PAUVRE NARCISSE, QUI SE TROUVAIT TROP BEAU...

Personnage des *Métamorphoses* d'Ovide, Narcisse est un jeune homme merveilleusement beau : il a des traits réguliers, un visage parfait. Lorsqu'il se penche sur l'eau d'une mare, l'herbe du bord se courbe aussi pour admirer son image ! Le problème, c'est que Narcisse est fasciné par son reflet. Il se penche sur la mare, tente de s'étreindre. Soudain, plouf ! Il tombe à l'eau. Hélas, il ne sait pas nager, et se noie... Cette légende drôle et terrible à la fois signifie qu'il est dangereux de vivre replié sur soi-même. Que ce soit pour se trouver beau ou laid, si l'on passe trop de temps à réfléchir à son apparence, on ne vit plus ! Ce qui compte le plus, c'est le regard des autres. Narcisse connaissait bien des jeunes filles conquises par sa beauté... quel dommage qu'il les ait repoussées !

Les gens célèbres ont-ils des vies plus heureuses ?

Souvent, on est célèbre parce qu'on a réussi à accomplir l'un de ses rêves : devenir champion de foot, par exemple... Bonaventure se trompe en croyant qu'après, tout est facile. Et puis, même Émilien, qui est déjà un vrai champion, ne serait pas forcément plus heureux sous le maillot des Bleus que lorsqu'il joue avec les copains du quartier. !

LE MÉTIER DE LEURS RÊVES

Si les gens célèbres sont heureux, ce n'est pas parce qu'ils sont célèbres ; c'est parce qu'ils font ce qu'ils aiment avec passion. Un champion de foot peut passer son temps à jouer ; un écrivain peut ne faire rien d'autre qu'écrire ; un pianiste peut vivre de son piano ; un homme politique consacre sa vie à ce qu'il aime, la politique ! C'est une grande chance parce que tout le monde n'exerce pas le métier de ses rêves.

LA RANÇON DE LA GLOIRE

Il arrive cependant que la gloire gâche le bonheur. Parfois les stars ne supportent plus leur célébrité. Le fait de gagner plein d'argent, d'avoir des fans, d'être interviewé dans les journaux, d'être toujours reconnu dans la rue, détruit leur équilibre. Ils sont aimés des foules pour l'image qu'ils donnent d'eux, pas pour eux-mêmes ; ils doivent toujours avoir l'air heureux et en pleine forme ; du coup, ils ne peuvent plus vivre naturellement.

MIEUX QUE LA GLOIRE

Célèbre comme le goal de l'équipe de France ou inconnu comme Bonaventure, l'essentiel est de construire ton bonheur chaque jour avec les gens qui comptent pour toi. Ne regrette pas d'être loin des projecteurs. Si tu vis avec des personnes que tu aimes et qui t'aiment, tu as tout pour être heureux. Tu ne connaîtras pas les hôtels 5 étoiles, les jets privés, les milliers de lettres d'amour mais ce n'est pas cela qui fait les contes de fées.

Quand je serai goal de l'équipe de France...
BUT!
Oh, Bona'...
Tu rêves ou quoi ?

POURQUOI EST-CE QUE TOUS LES ACTEURS DIVORCENT ?

Tous les acteurs ne divorcent pas, il y en a qui restent toute leur vie avec la même personne mais il est vrai que c'est rare. Ils divorcent plus que la moyenne des gens, et certains se remarient 6, 7 fois ou plus ! C'est le signe que la célébrité n'aide pas à construire une vie privée équilibrée. Quand on est beau, connu et riche, on séduit beaucoup de monde. Des centaines d'amoureux sont prêts à se jeter dans les bras des stars... sans les aimer pour leur personnalité, mais pour leur image. Ce n'est pas cela, le vrai amour. Dans ces conditions, on est déçu très vite.

VOCABULAIRE

Le mot **STAR** veut dire « étoile » en anglais, parce que les stars éblouissent leur public. Elles vivent sous les **FEUX DE LA RAMPE**, sous le regard de tout le monde (au théâtre, les feux de la rampe sont les lumières qui éclairent la scène et les acteurs). Les stars ont toutes leur **FAN-CLUB**, leur club d'admirateurs (fan vient de l'anglais *fanatic*, « fou de »). Les gens célèbres sont poursuivis par les **PAPARAZZI**. Ce sont des photographes dont le métier est de les prendre **SUR LE VIF**, à leur insu.

HISTOIRE

UNE STAR PAS COMME LES AUTRES

C'est une vieille dame ridée et voûtée. Elle vit pauvrement et porte toujours le même vêtement : un sari simple, blanc avec trois bandes bleues, qui n'a rien d'un costume de star. Elle est aussi d'une incroyable modestie. Il en faut, pour résister à tant de gloire ! Car malgré les apparences, mère Teresa est l'une des femmes les plus connues du monde...

Jeune religieuse, elle a quitté son pays, l'Albanie, pour s'installer en Inde. Frappée par la misère qu'elle voyait là-bas, elle a décidé de recueillir et soigner les pauvres qui meurent dans les rues, sans médecin, sans famille pour les aider. Ce choix de vie a intrigué et conquis les foules du monde entier. Jusqu'à sa mort en 1997, mère Teresa apparaît souvent dans les journaux ; les stars l'admirent, les chefs d'État lui font la révérence. Vieille et fatiguée, elle a encore le regard brillant des gens heureux. Le secret de son bonheur ? Elle passe son temps à redonner aux autres leur joie de vivre !

Est-ce que je pourrais vivre seul au monde ?

Ce serait très compliqué de vivre sans l'aide des autres pour se faire à manger, se construire un toit, se soigner… Même si tu réussis à être un meilleur Robinson Crusoë que nos trois copains, tu risques quand même de trouver le temps très long. Parce que les autres, on en a surtout besoin pour avoir des amis, parler, jouer, discuter, rêver ensemble.

PLUS D'OBLIGATIONS… MAIS DE SACRÉS PROBLÈMES !

Vivre sur une île déserte ? Julie en rêve ! Plus personne pour l'embêter ; plus d'école ni de contraintes… Cependant ces super-vacances auraient leurs inconvénients. D'abord, il faudrait que Julie se débrouille pour chasser, pêcher, cuisiner, coudre ses vêtements, etc. Et qui la soignerait si elle tombait malade ? Qui la défendrait des bêtes sauvages ?

UN MONDE BIEN ORGANISÉ

Dans la société, tout le monde exerce un métier selon ses compétences. Ainsi, les gens s'entraident et se font vivre les uns les autres. Tu peux compter sur les agriculteurs pour produire ta nourriture, sur les médecins pour te soigner, sur tes parents pour te protéger et t'aider à grandir, sur ta maîtresse pour t'apprendre plein de choses, etc.

LA SOLITUDE, C'EST LA MORT

Si tu vivais seul, tu te rendrais vite compte de la valeur des autres : ta famille et tes amis surtout. Les hommes ont besoin de donner et de recevoir de l'amour ; ils ont besoin de parler, d'échanger des idées, de jouer ensemble, et même de se disputer. La solitude est un enfer. D'ailleurs, si l'île de Julie est un paradis dans ses rêves, c'est parce que Bonaventure et Émilien l'y rejoindraient !

Vous imaginez,
être naufragé ?!
Mais nous, Julie,
on viendrait te sauver !
?
Et on coulerait le
bateau de secours !
Seuls au
monde...
Mais à
trois !

QU'EST-CE QUE TU EMPORTERAIS SUR UNE ÎLE DÉSERTE ?

Même si tu ne songes pas à quitter la civilisation, c'est une question intéressante. Imagine que tu aies droit à dix objets (pas trop gros : ils doivent tenir dans une valise !). Fais ton tri ! Cela te révélera des choses importantes sur ton caractère et sur tes goûts. Si tu prends des livres, c'est que tu as besoin de rêver et d'imaginer. Si tu prends des outils, tu as l'esprit pratique. Si tu prends du sparadrap, tu es prévoyant. Si tu prends du savon, tu es soigneux de ta personne ! Et la lampe de poche ? Tu allais l'oublier ? Tu es un peu distrait aussi ! Il n'y a pas de lampadaires, la nuit, sur une île déserte !

VOCABULAIRE

L'homme est **SOCIABLE**, il a besoin de tisser des liens avec les autres. Quelqu'un qui est bougon avec tout le monde est **ASOCIAL**, il n'aime pas les autres. On dit aussi qu'il est **MISANTHROPE**, il n'aime pas la compagnie des hommes, sans se rendre compte qu'il serait malheureux sans eux. C'est difficile de vivre en **AUTARCIE**, de se débrouiller tout seul.

HISTOIRE

ROBINSON CRUSOË

Daniel Defoe avait entendu parler d'un marin, qui, après un naufrage, s'était retrouvé seul sur une île. Il a imaginé à partir de cette histoire la vie de Robinson Crusoë : seul survivant d'un naufrage, Robinson parvient à atteindre les rives d'une île déserte. Il est sauvé. Mais il est seul, loin de tous les hommes, sans espoir qu'on parte à sa recherche car tout le monde le croit mort. Débrouillard et bricoleur, il réussit à se procurer ce qu'il lui faut pour survivre. Un romancier contemporain, Michel Tournier, a repris cette histoire en imaginant comment Robinson risquerait de devenir fou de solitude. Le bonheur revient le jour où il rencontre un autre habitant humain de l'île, dont il ne soupçonnait pas l'existence : Vendredi. Robinson lui apprend sa langue, ils deviennent amis, et même inséparables. Lorsqu'un navire aborde enfin l'île perdue où Robinson s'est échoué, Vendredi décide de partir avec son ami vers la civilisation.

Qu'est-ce qu'on devient après la mort ?

Personne n'est revenu de la mort pour nous dire ce qui se passe de l'autre côté. On ne sait qu'une chose : au bout de quelque temps, le corps devient un squelette ! Certains pensent qu'après la mort, on ressuscite ; d'autres croient qu'on se réincarne en quelqu'un ou quelque chose d'autre. Il y en a, comme Émilien, qui ont franchement peur des fantômes.

L'ADIEU

Lorsqu'une personne meurt, on met son corps dans un cercueil. C'est une façon de lui dire adieu, parce qu'on ne la reverra plus sur terre. Les hommes parlent de cette grande séparation dans un langage imagé. Ils disent que la personne décédée « va au ciel », ou qu'elle s'est « endormie ». On espère qu'elle se « réveillera » un jour et qu'on la reverra dans une autre vie. C'est très dur d'accepter l'idée d'une absence définitive.

SEULES LES RELIGIONS OSENT DES RÉPONSES

Les grandes religions du monde proposent des réponses à ce mystère. Les juifs, les chrétiens, les musulmans croient à la résurrection, à l'entrée dans une nouvelle vie où on peut être heureux pour toujours. Les hindouistes croient que les morts se réincarnent, qu'ils revivent dans la peau d'une autre personne ou d'un animal. On ne peut pas être sûr, mais on peut croire très fort dans l'une de ces réponses religieuses.

SAVOIR SAVOURER LA VIE

Fin de la vie ? Début d'une nouvelle existence ? La mort, comme la vie, n'a pas le même sens pour tout le monde. Devant elle, certains sont angoissés, d'autres paisibles ; nombreux sont ceux qui se posent des questions, d'autres n'y pensent pas, quelques-uns en font des blagues comme nos trois amis ! Dans tous les cas, la mort permet de mieux apprécier la richesse de la vie. Limitée dans le temps, la vie est un trésor dont il faut profiter.

Ben... Ça n'a pas l'air d'aller, Émilien ?
Son chat est mort...
Oh, le pauvre !
Tu sais, il a eu une vie très heureuse !
Et puis il va peut-être se réincarner !
Ça veut dire quoi ?
Qu'il va revivre dans la peau d'une personne ou d'un autre animal !
?
Comme une vache ?
Oui ! Ou un cheval ...
Un lapin ?
Ça peut être en n'importe quoi !
Snif... Même en escargot ?
Bien sûr !
Tartine ? C'est toi ?

PEUT-ON SE REMETTRE DU CHAGRIN D'UN DEUIL ?

Émilien a perdu son grand-père, il y a un mois. Lui, le dur de dur, il a pleuré trois jours, alors qu'il croyait que les larmes étaient réservées aux filles. Ensuite, il s'est remis à jouer. Un moment est venu où il a recommencé à rire. Il s'est senti coupable. Robert l'a pris par les épaules. « P'tit gars, c'est en continuant à vivre heureux que tu honores ton grand-père. La tristesse ne doit pas t'empêcher de vivre. Ton grand-père serait sûrement d'accord avec moi, lui qui était si joyeux. De toute façon, il sera toujours vivant dans ton cœur. On ne meurt vraiment que quand plus personne ne pense à nous. »

VOCABULAIRE

Quand une personne meurt, sa famille est en **DEUIL**, elle pleure sa mort. Le **DÉFUNT**, le mort, peut être inhumé, enterré, ou **INCINÉRÉ**, brûlé, selon ses croyances religieuses. Certains croient en la **RÉSURRECTION** : les morts reçoivent une nouvelle vie. Les chrétiens disent que Jésus est revenu de la mort ; ces amis l'ont vu ressuscité ! D'autres croient en la **RÉINCARNATION**, les morts revivent sur terre dans un autre corps.

HISTOIRE

LA MAUVAISE IDÉE DE DAME PANDORE

Selon les légendes de la Grèce ancienne, Pandore est la première femme de l'humanité. Un jour, elle découvre un vase mystérieux. « Qu'est-ce qu'il peut bien y avoir à l'intérieur ? » songe Pandore, très curieuse... Saisissant le vase, elle essaie de l'ouvrir. Oh ! Il est bien fermé ! Le contenu doit être vraiment intéressant ! Hélas ! Lorsque le couvercle cède, il s'en échappe des choses terribles. Dans cette boîte, Zeus, le maître des dieux, avait enfermé toutes les misères des hommes. La guerre, les maladies, la pauvreté, le mensonge... et bien sûr, la mort. Sortant de la « boîte de Pandore », ces maux vont désormais affliger les hommes. Heureusement, il reste au fond du vase une chose précieuse que Zeus a aussi déposée là. Elle va aider les hommes à supporter leurs peines, et aussi leur permettre de croire qu'il y a quelque chose de beau après la mort, même si personne ne sait quoi. Ce cadeau de Zeus, c'est l'Espérance...

D'où viennent les rêves ?

Il y a deux façons de rêver... La nuit, tu « vois » ou tu imagines des choses sans le vouloir, et tu t'en souviens parfois le matin au lever. Et le jour, tu rêves aussi : ton imagination t'emmène vers les endroits, les gens, les situations que tu souhaites. Ça, c'est une chance... parce que tes rêves peuvent transformer ta vie.

L'USINE À FILMS

Tu fais des rêves chaque nuit, même si tu ne t'en souviens pas toujours. Ils sont inventés par ton cerveau qui s'en sert pour repenser aux événements du jour et les ranger dans ta mémoire. Ils prouvent que ton cerveau fonctionne 24 heures sur 24. Quand même, la nuit, il n'est pas raisonnable ! Il imagine des films où tout peut arriver : tu croises des sorcières, tu voles comme un oiseau, des objets te parlent, et cela te semble naturel !

BEAUX RÊVES... ET HORRIBLES CAUCHEMARS

Les rêves sont nécessaires à ton équilibre... mais ce n'est pas agréable quand ils se transforment en cauchemars. Certains se répètent et te gâchent le sommeil. Tout le monde fait des cauchemars, même les adultes. Chacun porte au fond de soi des peurs ou des souvenirs anciens, presque oubliés, qui ressurgissent dans les rêves. Les médecins appellent l'« inconscient » ces pensées cachées que l'homme ne maîtrise pas.

COMME UNE RÉVÉLATION

Quand on a des angoisses, on ne sait pas forcément d'où elles viennent : la vie quotidienne ne laisse pas toujours le temps d'y réfléchir. Les rêves permettent parfois de comprendre ce qui ne va pas. Par exemple, si un élève rêve sans cesse qu'il va rater le prochain contrôle, cela révèle qu'il est angoissé par les notes ! Même si tu n'as pas de problèmes... tes rêves restent essentiels. Ils te soulagent des contrariétés de la journée. Ils sont un moment de fantaisie dont tu es le héros !

Cette nuit, j'ai fait un rêve prémonitoire !
Un quoi ?
C'est quoi, prénomitoire ?
PréMOnitoire !
C'est un rêve qui annonce ce qui va se passer dans la journée !
C'est comme un superpouvoir !
Et comment tu sais qu'il était prémonitoire, ton rêve ?
T'as rêvé de quoi ?
Ben... J'ai rêvé que...
... vous me demandiez ce que veut dire prémonitoire !

LIRE LES RÊVES POUR GUÉRIR LES GENS

En 1900, un médecin autrichien appelé Sigmund Freud publie un livre qui va devenir célèbre : *L'Interprétation des rêves*. Il y raconte comment il soigne des malades considérés comme fous en leur faisant raconter leurs rêves. Ceux-ci sont comme des rébus : ils révèlent des chocs très anciens, vécus dans l'enfance, que le malade a enfouis au plus profond de sa mémoire. Il faut faire remonter à la surface ces souvenirs traumatisants « oubliés ». Une fois que le malade a reconnu et accepté ces lointaines histoires, il est sur la voie de la guérison. Freud ouvre une nouvelle voie à la médecine : c'est le début de la psychanalyse, l'étude de l'inconscient pour réduire la souffrance.

VOCABULAIRE

La nuit, ton cerveau imagine un monde **ONIRIQUE**, un monde de rêves. Autrefois, on croyait comme Bonaventure que les rêves étaient **PRÉMONITOIRES**, qu'ils annonçaient l'avenir. On essayait de déchiffrer les **SONGES**, les rêves, en pensant qu'ils étaient envoyés par des dieux. Aujourd'hui, on croit plutôt que les rêves rappellent des souvenirs anciens. On essaie de les **DÉCRYPTER**, de les lire comme des messages secrets.

HISTOIRE

LE BATEAU IVRE

Tandis qu'il vogue sur un fleuve tranquille, un bateau se retrouve soudain sans équipage : des Peaux-Rouges ont capturé ses maîtres. Libre, il dérive jusqu'à la mer, et commence un voyage sur d'étranges océans… Ballotté par les vagues, il explore des îles qui n'existent sur aucune carte, des mondes que l'homme n'a jamais vus, croise des tempêtes, des astres, des poissons d'or, des soleils d'argent, des cieux de braise… Par moments, il est grisé par sa liberté, à d'autres, il pleure de désespoir d'avoir quitté le port…

Qu'est-ce que ce bateau ivre, fou de joie et d'angoisse, qui raconte ces aventures délirantes ? C'est une invention du jeune Arthur Rimbaud (1854-1891). Ce long poème est beau et mystérieux comme un rêve, semé d'éclairs et d'hallucinations. Quand on commence à le lire, on est vite emporté sur les océans imaginaires du poète. Jusqu'au moment où le poème se termine brutalement… comme un rêve interrompu par le réveil.

Pourquoi ?

Peut-être te poses-tu d'autres questions.
Note-les ici, avec les réponses que t'ont données tes parents, ta maîtresse, tes amis…

Pourquoi ?

Pourquoi ?

Index

F

G

H

I

J

L

M

O

P

R

S

T

V

Achevé d'imprimer en août 2016 par GPS en Slovénie
N° d'édition : 16208
Dépôt légal : septembre 2016